世界五千年
科技故事叢書

盧嘉錫題

《世界五千年科技故事丛书》
编审委员会

世界五千年科技故事丛书

攫雷电于九天

富兰克林的故事

丛书主编　管成学　赵骥民
编著　楼　霏

吉林出版集团｜吉林科学技术出版社

图书在版编目（CIP）数据

攫雷电于九天 ：富兰克林的故事/管成学，赵骥民主编. —长春：吉林科学技术出版社， 2012.10（2022.1 重印）

ISBN 978-7-5384-6081-0

I .① 攫… II.① 管… ②赵… III.① 富兰克林，B.（1706～1790）—生平事迹—通俗读物 IV.① K837.127-4

中国版本图书馆CIP数据核字（2012）第156186号

攫雷电于九天：富兰克林的故事

主　　编　管成学　赵骥民
出 版 人　宛　霞
选题策划　张瑛琳
责任编辑　潘竞翔
封面设计　新华智品
制　　版　长春美印图文设计有限公司
开　　本　640mm×960mm　1 / 16
字　　数　100千字
印　　张　7.5
版　　次　2012年10月第1版
印　　次　2022年1月第5次印刷

出　　版　吉林出版集团
　　　　　吉林科学技术出版社
发　　行　吉林科学技术出版社
地　　址　长春市净月区福祉大路 5788 号
邮　　编　130118
发行部电话 / 传真　0431-81629529　81629530　81629531
　　　　　　　　　　81629532　81629533　81629534
储运部电话　0431-86059116
编辑部电话　0431-81629518
网　　址　www.jlstp.net
印　　刷　北京一鑫印务有限责任公司

书　　号　ISBN 978-7-5384-6081-0
定　　价　33.00元
如有印装质量问题可寄出版社调换

序 言

十一届全国人大副委员长、中国科学院前院长、两院院士

路甬祥

放眼21世纪，科学技术将以无法想象的速度迅猛发展，知识经济将全面崛起，国际竞争与合作将出现前所未有的激烈和广泛局面。在严峻的挑战面前，中华民族靠什么屹立于世界民族之林？靠人才，靠德、智、体、能、美全面发展的一代新人。今天的中小学生届时将要肩负起民族强盛的历史使命。为此，我们的知识界、出版界都应责无旁贷地多为他们提供丰富的精神养料。现在，一套大型的向广大青少年传播世界科学技术史知识的科普读物《世

界五千年科技故事丛书》出版面世了。

由中国科学院自然科学研究所、清华大学科技史暨古文献研究所、中国中医研究院医史文献研究所和温州师范学院、吉林省科普作家协会的同志们共同撰写的这套丛书，以世界五千年科学技术史为经，以各时代杰出的科技精英的科技创新活动作纬，勾画了世界科技发展的生动图景。作者着力于科学性与可读性相结合，思想性与趣味性相结合，历史性与时代性相结合，通过故事来讲述科学发现的真实历史条件和科学工作的艰苦性。本书中介绍了科学家们独立思考、敢于怀疑、勇于创新、百折不挠、求真务实的科学精神和他们在工作生活中宝贵的协作、友爱、宽容的人文精神。使青少年读者从科学家的故事中感受科学大师们的智慧、科学的思维方法和实验方法，受到有益的思想启迪。从有关人类重大科技活动的故事中，引起对人类社会发展重大问题的密切关注，全面地理解科学，树立正确的科学观，在知识经济时代理智地对待科学、对待社会、对待人生。阅读这套丛书是对课本的很好补充，是进行素质教育的理想读物。

读史使人明智。在历史的长河中，中华民族曾经创造了灿烂的科技文明，明代以前我国的科技一直处于世界领先地位，涌现出张衡、张仲景、祖冲之、僧一行、沈括、郭守敬、李时珍、徐光启、宋应星这样一批具有世界影响的科学家，而在近现代，中国具有世界级影响的科学家并不多，与我们这个有着13亿人口的泱泱大国并不相称，与世界先进科技水平相比较，在总体上我国的科技水平还存在着较大差距。当今世界各国都把科学技术视为推动社会发展的巨大动力，把培养科技创新人才当做提高创新能力的战略方针。我国也不失时机地确立了科技兴国战略，确立了全面实施素质教育，提高全民素质，培养适应21世纪需要的创新人才的战略决策。党的十六大又提出要形成全民学习、终身学习的学习型社会，形成比较完善的科技和文化创新体系。要全面建设小康社会，加快推进社会主义现代化建设，我们需要一代具有创新精神的人才，需要更多更伟大的科学家和工程技术人才。我真诚地希望这套丛书能激发青少年爱祖国、爱科学的热情，树立起献身科技事业的信念，努力拼搏，勇攀高峰，争当新世纪的优秀科技创新人才。

目 录

风筝实验

1752年6月的一天，在北美洲的费城郊外，正悄悄地进行一场实验。

那是一个闷热的夏日午后，灰蒙蒙的天空笼罩着低低的浮云，厚厚的云层底下，人们仍然可以感觉到太阳像火一般地炙烤着大地。挥汗如雨的人们不停抱怨着这郁闷的天气，而富有经验的人则说：一场大雷雨就要来了。

果然，过了一会儿，天边乍起的狂风裹挟着乌云，把它们铺天盖地地连拖带拉，片刻之间，乌云便乘着风势迅猛地布满了天空，形成了云压四野的势头。户外的行人纷

纷快步奔跑回家；车夫高高地扬起马鞭，把鞭子打得“叭叭”乱响，四轮马车风驰电掣般地向前驶去；农夫们忙着收拾院子里的农具，把牲畜、家禽赶进木棚；农妇们则跑前跑后地寻找贪玩的孩子。

这时，在一片旷野的一间小木棚里，有两个人——一位中年人同一位年轻人，正蹲在地上忙碌着。他们先用两根杉木条制成一个小十字架，再把一块蓝色的大丝绸手帕的四角系在十字架的四个端点上，并在十字架的顶端固定了一根细细的金属丝。然后，他们拿一根麻绳拴在十字架上，麻绳的下端还连着一条丝带，绳与带的连接处又挂了一把钥匙。

当一切就绪以后，中年人站了起来。他身材高大，体魄强健，一头淡褐色的头发披及肩头，宽阔的额头充满着智慧刚毅，灰色的眼睛闪烁着熠熠的光彩，让人一望即知这是一位沉着、敏锐而又富有热情和精力充沛的人。他对年轻人说：“来吧，威廉，试试我们的风筝。”

他们来到木棚外面。此时，风更紧了，闪闪的电光不时划破云层，远处传来轰鸣的雷声，仿佛一头云中怪兽在发着沉闷的咆哮。年轻人将风筝抛向空中，然后迎着风奔

跑起来。风筝扶摇直上，越飞越高，似一只蓝色的海燕，直冲云霄。

中年人紧跟在年轻人的后面，一边跑着，一边指挥年轻人操纵风筝。

“威廉，把绳子全部放开，抓住丝带……好，现在回到棚子里去。”

天更暗了，一道道耀眼的闪电像一把把利剑刺破云层，爆发出连串震耳欲聋的霹雳，大雨终于倾盆而下。电闪雷鸣，狂风暴雨，交汇成一股惊心动魄的力量。风筝在天空中盘旋、飞舞，与风雨作着顽强的搏斗。

“爸爸，风太大了，风筝会不会被吹走呀？”威廉有些担心地说。同时，他把风筝的丝带抓得更紧了。

“不会的。注意！威廉，别让线绳触到门框上，那是很危险的。”父亲急切地提醒儿子。

时间一分钟一分钟地过去，一团团带着闪电的乌云被风卷来又卷去，期待中的事情并没有发生，中年人的脸上微微露出失望的神色。他喃喃地低语着：

“难道，我的设想是错的吗？”

就在这时，一阵震耳的雷声在空中炸响，威廉突然叫喊起来：

“爸爸你看，绳子上的细丝都竖起来了！”

中年人猛然抬头望去，果然看见系风筝的麻绳上的纤维都竖了起来，随风舞动。他内心一阵狂喜，两眼射出明亮的光芒。他伸出一只手，试探着向麻绳上拴着的那把钥匙靠近，就在即将触到它时，一股麻酥酥的感觉通过他的手指，遍布了他的全身，喜悦与兴奋顿时溢满了他的心房。他抓住儿子的臂膀，用力地握着，激动地说：

“我们成功了！闪电就是电，它们真的是一回事。我们成功了！”

他又拿出随身带来的莱顿瓶，将它靠近钥匙，把电收集到瓶子里，以便拿回去做进一步的实验。

风雨过后，云开日出，天空像水洗过的镜子一般，清澈可鉴，明媚动人。在回家的路上，威廉拎着那只大风筝，笑着说：

“爸爸，没想到这么一个小小的风筝竟起了这么大的作用。”

中年人郑重地说：

“只要你用心思考，你就会发现许多有价值的东西，而它们往往又是被大多数人所忽略的。”

接着，他又补充道：

“喂，你可别忘了我们事先达成的协议哟，回去不要对任何人说起这件事。”

威廉一脸顽皮，却又故作严肃地说：

“那当然啦，我会保守秘密的。”

18个月后，科学界的权威机构——英国皇家学会宣布了一份署名为本杰明·富兰克林的电学实验报告。报告中写道：

“当带着雷电的云团经过风筝时，尖细的金属丝立即会从云中吸收电火，而风筝和绳子全都带了电，绳子上的散丝向四周竖起来，可以被靠近的手指所吸引。当雨点打湿了风筝和绳子，而电火得以顺利传导的时候，你将会发现电火顺畅地通过钥匙传向你的手指。用这把钥匙，可以为莱顿瓶充电；用所得到的电火，可以点燃酒精，也可以进行平常用摩擦过的玻璃球或玻璃管来做其他电的实验。于是，闪电和电的同一性便完全被证实了。”

经过科学权威们的论证，风筝实验的结果得到了承认，科学家们接受了富兰克林的关于电学的理论、定义及术语，从此，电学作为一门专门的、独立的学科，植根于科学之林；而本杰明·富兰克林便当之无愧地成为近代电学的奠基人。

由于本杰明·富兰克林有关电学的奇妙实验和观察，英国皇家学会于1753年向他颁发了戈弗雷·科普利爵士金质勋章，并吸收他为皇家学会会员。这是一种至高无上的赞誉和殊荣。

不仅如此，富兰克林的电学著作先后被译成法文、德文和意大利文，他的著作及他本人，在当时整个欧洲的电学家中最受瞩目。

富兰克林冒着生命危险，从天空中引取闪电，在西方第一个揭开雷电就是电的谜底，德国著名哲学家康德称他是“从天堂偷窃火种的第二个普罗米修斯”。

任何赞誉对这位天才来说都是不过分的。富兰克林只受过两年学校教育，从一个小学徒做起。他生长在与当时欧洲相比很不发达的北美殖民地，但他最终以卓越的才能和成

就蜚声世界，成为美国开国时期著名的科学家、政治家、外交家和散文家，被美国人民称为美国科学和文学之父。

世界上每一条成功之路都布满了荆棘与艰辛，即使是天才也不例外。追溯富兰克林所走过的道路，更是写满了勤学与奋斗。

大家庭中的幼子

1706年1月17日，本杰明·富兰克林出生在北美新英格兰波士顿一个手工业者家庭，他是家里10个男孩中最小的一个。

本杰明的上辈几代人一直居住在英国埃克顿。父亲乔赛亚·富兰克林原是一位染匠，由于他信奉代表新兴资产阶级的新教，因而被英国教会视为“异端”。1682年前后，为了躲避宗教迫害，乔赛亚携妻带子从英国迁往美洲，在波士顿落了户，并改了行，以制造蜡烛和肥皂为业。

乔赛亚·富兰克林一生过着平凡而忙碌的生活，他先后结过两次婚，生育了17个子女，本杰明出生时，他已年

届50。众多的子女使乔赛亚肩上的担子格外沉重，为了生活，他拼命地工作，努力担负起家庭的责任；另一方面，他从不放松对子女的教育。

乔赛亚·富兰克林有着与众不同的天资和体质，他体魄健壮、心灵手巧，且能歌会画，精通音乐，是个兴趣广泛的人。加之他为人真诚和气、遇事善断，很多社会知名人士都是他家里的座上宾；就是邻里友人遇到什么困难或麻烦，也爱找老富兰克林帮忙解决。乔赛亚也喜欢邀请那些思维敏捷、见多识广的朋友来家里做客，每当这时，他就召集孩子们围坐在一起，有意引导客人们说一些具有创见性的、能够增加孩子们知识的话题，以利于开发他的儿女们的智力。

本杰明·富兰克林从小就聪颖过人，在读书方面表现出非凡的天分，比一般孩子更爱读书。7岁的时候，他已经能够阅读父亲书架上的书，虽然他对那一本本宣扬宗教神学的小册子毫无兴趣，但它们却是他能读到的很好的识字课本。也是7岁这一年，本杰明开始练习写诗，他把自己写的短诗寄给一位住在伦敦的伯父，得到了伯父的称赞和鼓励。伯父热心于政治和宗教，也酷爱诗歌，他认定这位与他同名的侄儿长大了准会有出息，经常给本杰明的父

亲写信夸奖侄儿。笃信宗教的乔赛亚也打算把本杰明作为10个儿子中的一个贡献给上帝——想把本杰明培养成一个牧师，将来为教堂服务，为上帝效劳。

于是，8岁那年，本杰明·富兰克林背上了书包，上学了。

本杰明进的是一所公立学校，以学习文法为主。聪明好学的本杰明进步飞快，不久就超过了班上的同学，成绩名列前茅，年底便升入了三年级。

正当本杰明在成才的大路上飞速奔跑的时候，他的哥哥约翰·富兰克林结了婚，离开父母出外独自谋生去了。约翰是个勤恳能干的小伙子，一直跟随父亲学习制造蜡烛和肥皂的手艺。他的出走，使父亲失去了一个得力的帮手，父亲感到无力供养本杰明读书了，只好决定中断本杰明的学业。

这天吃过晚饭，本杰明像往常一样，移过烛台，坐在桌前，翻开课本温习功课。

看着儿子专注书本的模样，乔赛亚心里充满了忧郁，他走过去，一只大手轻柔地抚摸着本杰明的小脑袋——这是他最偏爱的小儿子，也是他认为最聪明、最有出息的儿子。

隔了一会儿，乔赛亚终于开口说道：“儿子，你不能再上学了。家里的情况，你知道的。你得回家干活儿了。”

自从约翰哥哥离家以后，母亲的眼泪、父亲的叹息，使小本杰明的心头像压了一块石头一般沉重，他多么想为父母分忧解难啊。听了父亲的话，本杰明转过身，仰望着父亲的脸，他突然觉得父亲是那么的苍老、那么的疲倦，宽宽的额头上布满了岁月的沧桑，笼罩着愁云的脸上刻满了生活的艰辛，目光中透露着慈祥与无奈。本杰明知道父亲是爱自己的，从小到现在，作为这样一个大家庭中的幼子，他没受过半点儿委屈。

在父亲的视线中，本杰明感到自己一下子长大了，他觉得应该帮助父亲挑起家庭的重担。可是，他又是多么不愿意离开学校、离开老师和同学们，多么不愿意失去读书的机会啊。

“爸爸……”本杰明感到喉咙好像被什么东西堵住了似的。

父亲拍了拍儿子的小肩膀，说：“家里需要你。我也得有个新帮手。”

本杰明懂事地点了点头。

父亲又说："再说，读书多了也不见得能给人带来什么好处，好多上了大学的人日后还不是照样穷困潦倒。我看，不如趁早学点儿手艺，将来总可以养活自己。"

本杰明顺从地说："嗯，爸爸，我听您的。"

然后，父亲把本杰明举起来，让他站到椅子上，面对面地对他说："一个人只要努力去做，必将站在君王的面前，而不会站在庸人的面前。记住我的话了吗？要记住，儿子。"

就这样，10岁的本杰明被迫辍学了，算起来，他前后一共只受过两年的学校教育，这是他一生中受过的唯一的一次学校教育。

回家后的本杰明一边跟着父亲学习制造蜡烛和肥皂的手艺，一边做些力所能及的零活，比如剪烛芯、浇灌烛模或照料铺面什么的，有空的时候还要外出推销蜡烛和肥皂。父亲倾其所有栽培儿子，希望本杰明比他的几个哥哥更出色。

生活似乎注定了本杰明·富兰克林未来的职业将是子承父业，沿着做一个制造蜡烛和肥皂的手艺人兼小商人的道路走下去。

但是，本杰明并不甘心于这样的安排，他比他的哥

哥更不安分，他的心里躁动着一股莫名的张力，犹如一只关在笼中的鸟儿，扑动的翅膀便代表了它对蓝天的向往。然而，本杰明毕竟还太小了，他还不可能有十分明确的目标，他只能在枯燥而乏味的工作之余，在心里重温着学校的生活，要么，在与小伙伴的游戏当中舒展一下个性。

不翼而飞的石块

波士顿是一个风景优美的海滨城市。在海边长大的本杰明，从小就对大海充满了热爱之情。很小的时候，他就学会了游泳、划船，至于钓鱼、摸虾更是十分在行。附近的孩子们推他为首领，游戏的时候，都听从他的指挥，特别是在遇到了“难题”的情况下，小伙伴们都把他当做“主心骨”，信任他、依赖他。本杰明在同伴们面前俨然是个小领袖。

一天，本杰明和小伙伴们又相约去钓鱼，他们来到池塘边，那是他们平日的钓鱼处，突然发现那里已经变成了

一个泥洼。原来，前一天夜里又刚刚下过一场大雨，池塘边便变得这般泥泞。

看到这种情况，有个孩子建议道：“咱们换个地方吧。”

另一个孩子说：“可是换到哪儿去呢？哪儿还比这里更适合钓鱼呢？”

有一个性急鲁莽的孩子跑了过去，要试探试探虚实。他一脚踏下去，便陷到了泥里，嘴里连声说：“不好，不好。”回身就往岸上跳。可是他的两只鞋却深陷进泥里，未能跟着他的两只脚提上来，于是，他只好赤着一双沾满泥水的脚去摸鞋，结果，两只黑手抓着两只沾满泥巴的鞋，逗得小伙伴们哈哈大笑，有几个还扯开嗓子大喊大叫：“摸鱼啦，摸了两条泥巴鱼！”

看到这种情景，孩子们都没了主意，大家七嘴八舌地说：

“怎么办呢？我们只好另换个地方啦。”

“我们钓不成鱼了，只好去摸鱼啦。”

“我可不去摸鱼，要是我的鞋子弄脏了，我妈妈会骂我的。”

“如果我们铺上一些土，会不会好些呢？”

“可是我们上哪儿去搬那么多的土呢？”

孩子们你看看我，我看看你，一筹莫展。

只有本杰明默默地站在一旁，两眼一眨一眨地望着一个地方，一个孩子走了过去，歪着头看了看本杰明，又顺着他的目光望过去，只见不远处有一群打石工人正围着一堆石块敲敲打打，倾耳细听，还能听见叮叮当当的声音。他不解地问：“本杰明，你盯着他们看什么？快想个办法呀，我们到底该怎么办？”

本杰明不慌不忙地说：“别急，办法总会有的。”然后，他把小伙伴们叫到一起，指着那一堆石块对大家说：“我们可以用这些石块建一道钓鱼堤。”

孩子们听了，立刻都说：“好主意！’’

“可是，”那个刚才陷进泥洼里的孩子——这会儿他还光着脚呢，因为他的鞋子正晾在树梢上——说，“那些石块是布莱恩先生用来盖房子的。”

“我们需要那些石块！”本杰明不容置疑地说。

“对，对，我们需要那些石块。”小伙伴们随声附和着。

大家摩拳擦掌跃跃欲试，都迫不及待地要跑过去搬石块，恨不得马上就把钓堤建起来。

本杰明忙说：“慢着，别急。现在可不是搬石块的时候，你们没看见那么多人还在干活儿吗？”

最后，小伙伴们商定，等到工人们收工以后，再搬石建堤。

这一个下午，孩子们觉得特别漫长，太阳好像被一根看不见的绳子拴住了，总是高高地挂在天上；那些干活的工人也好像有使不完的力气，他们一直不知疲倦地敲着石头，总不见有收工的意思。

好容易挨到太阳西斜，工人们终于停下了手里的工作，三三两两地回去吃晚饭了。

“开始！”本杰明一声令下，孩子们欢叫着跑向那堆石块。在本杰明的指挥下，他们把石块铺在泥洼里。当晚风送来教堂里晚祷的钟声时，一条漂亮的钓鱼堤建成了。夕阳中，孩子们唱着唱诗班里学来的圣歌，高高兴兴地往家走去，一张张红扑扑的小脸上挂着汗水，透着兴奋。

第二天早上，工人们发现几天来做好的石块全部不翼

而飞，顿时目瞪口呆，面面相觑，不知如何是好。过了一会儿，大家才开始分头寻找。有人找到池边，一下子就看见了一条崭新的钓鱼堤，而那些石块，正是他们亲手敲出来的。

石块有了下落，工人们开始猜测这是谁的“杰作”。

“会不会是上帝干的？”有人开玩笑说。

“我看，十有八九是那些常来这里钓鱼的孩子们干的。”说话的人长着一脸的大胡子，看上去很像童话剧里的预言家。

“对啊！怎么早没想到呢。”一句话提醒了大家，工人们立刻跑向居民区，轻而易举就把这件事查了个水落石出，还找到每个参与筑堤的孩子的家长，狠狠地告了孩子们一状。

每个孩子都受到了家长的严厉批评，本杰明自然也免不了挨父亲一顿训斥。

“你怎么可以私自搬走人家的石块呢？”父亲认为这是一种和偷窃差不多的行径。

本杰明感到十分委屈，他低着头，为自己辩解说：“可是，爸爸，我觉得我们做的是一件很有益处的事。”

父亲神情严肃地说："不诚实的事没有一件是有益处的。"

父亲的话深深地印在本杰明的心里。事后，他主动向工人们和布莱恩先生承认了自己的错误。

通过这件事，父亲越发感到本杰明是个了不起的孩子：能在短时间内组织并带领附近的孩子们建起一条钓鱼堤，足见其智慧和才能都远远超过了他的年龄。此后，老富兰克林更加相信小儿子长大了会有出息，因而更加看重本杰明。

少年学徒

波士顿是当时英国北美殖民地的经济中心，也是大西洋海岸的著名商业港口，每天都有来自世界各地的船只停靠港内。南来北往的船舶满载着各种各样的货物，形形色色的水手传诵着千奇百怪的故事。

忽然有一天老富兰克林发现，不知从什么时候起，本杰明常常往港口跑，和水手们交朋友，听他们讲航海的故事，向他们学习航海知识，或者独自坐在大海边，眺望远方陷入冥想。小儿子对大海的迷恋，引起老富兰克林的

担忧。就在几年前，本杰明的一个哥哥悄悄离家，航海远行，至今杳无音信。变幻莫测的大海已经夺走了他的一个儿子，这足以使年近六旬的老富兰克林从心理上对大海产生一种畏惧，他真怕敢想敢干、颇有主见的小儿子做出让他难以承受的事来，那样，他会伤心欲绝的。何况，本杰明毕竟年龄太小，尚无谋生手段。

为了及时打消本杰明出海远航的念头，父亲决定尽快给他找个职业，把他的兴趣固定在陆地上。于是，一有时间，老富兰克林就领着本杰明在城里四处游历，有意识地让小儿子观看木匠、铜匠和砖瓦匠等行业工人的工作过程，他在一旁暗暗观察儿子的兴趣。他们几乎走遍了全城的大街小巷，父亲仅仅发现，本杰明不但不喜欢制造蜡烛和肥皂的职业，许多行业都引不起他的兴趣，这就更加深了父亲的忧虑。终于有一天，父亲看到本杰明在一架制造刀具的车床前驻足良久，且看得凝眸入神。飞转的皮带轮，一块铁片在片刻之间被打磨成一把寒光闪烁、锋利无比的刀具，这一切如同变魔术一样，令本杰明感到十分神

奇。父亲高兴极了，当即决定让本杰明拜师学艺，可是，终因师傅索要学费过高，老富兰克林无力承担，只好作罢。

一晃又几个月过去了，本杰明的职业还没有着落。但是，从他辍学回家后近两年的时间里，他却阅读了大量的书籍。父亲的藏书，本杰明差不多都读了一遍，那些书大部分都是关于神学论辩的。渐渐地，具有无神论思想的本杰明认为，读这些书是在浪费时间，于是，他开始寻觅好书来读。他把父亲给他的零用钱都用来买书，看过后，或者卖掉，再买回新书，或者干脆和别人交换没读过的书，这样，花费不多的钱，就能读很多的书。这一时期，他读了许多好书，如约翰·班扬的《天路历程》、普鲁塔克的《名人传》、狄福的《计划论》和马泰博士的《为善论》，这些书对本杰明·富兰克林产生了重大而深远的影响，对他的人生观、世界观的确立起到了重要作用。

老富兰克林见小儿子读起书来如饥似渴，便想到："这么酷爱读书的孩子，应该让他从事一种和书有关的职

业。”当时的波士顿，印刷业刚刚起步，印刷所在城里真是凤毛麟角，懂印刷技术的人也是屈指可数。“对，就让本杰明去学习印刷术，将来当一名印刷工人。”老富兰克林认为自己的想法再好不过了，他总算为小儿子找到了理想的职业。

恰巧，就在本杰明12岁那年的秋天，哥哥詹姆斯从伦敦归来，他不仅带回了所学到的印刷技术，还带回了一架印刷机及全套字钉。詹姆斯打算在波士顿开办一个印刷所。于是，父亲决定把本杰明送到他哥哥的印刷所当个小学徒。

按照当时的习惯，学徒工要与老板签订学徒合同，还要交纳一定数额的学费，即使是詹姆斯和本杰明这样一对亲兄弟，也不能例外，而且，詹姆斯也没有看在兄弟的分上给予本杰明什么优惠，合同上的规定十分苛刻：本杰明从12岁至21岁在詹姆斯的印刷所里学徒，作为老板兼师傅的詹姆斯负责向他传授印刷技艺。学徒期间，徒弟要绝对服从师傅的安排，执行师傅的指令，不做损害师傅利益的

事，忠于师傅；中途不得随意离开；除供给食宿和必要的衣物及用品外，不支付任何报酬，只在学徒期限的最后一年领取最低工资；一次交足10镑的学费。

尽管合同对学徒很不公道，但是，为了早日让本杰明安定下来，父亲还是痛快地替他答应了。

起初，仍然沉浸在航海幻想中的本杰明坚决反对父兄的安排，他认为，不论是当一个制造蜡烛和肥皂的手艺人，还是做一名印刷工人，其意义和性质都差不多，都与他的充满浪漫色彩和冒险精神的航海理想相去甚远。

哥哥詹姆斯以为小弟弟一定是因为怕苦怕累，才不肯给他当学徒，就狠狠地训斥了本杰明一顿，骂他好吃懒做。

知子莫若父，老富兰克林很了解小儿子的心思，也知道该如何说服这个倔强的孩子。他特意去买来一本刚刚出版的新书，亲自送给本杰明。本杰明双手接过散发着油墨芳香的书。情不自禁地捧到鼻子下边深深地闻着。

父亲微笑着说："这油墨的气味，有多香，多好闻

啊！”

本杰明边闻边点头回答说：“是啊，我真喜欢它。”

父亲感叹说：“印刷工人多幸福啊！”

“您说什么？”本杰明不解其意。

父亲趁机进一步诱导说：“孩子，你那么喜欢读书，难道你从来没有想过，书是怎么来的吗？”

“是从书店里买来的呀。”

“谁是书的第一个读者？”

“我……我不知道。”

父亲指着书说：“书是在印刷所里做出来的，印刷工人是每一本新书的第一个读者。”

本杰明一下子明白了父亲的用意，他睁大双眼，目光闪亮地望着父亲。

老富兰克林接着说：“你看书的时候，不是经常能发现一些文法和词语方面的错误吗？你还在旁边做了改正。印刷工人如果在排版的时候，不让书里出现这些错误，那么，读者就会看到没有错误的书啦。”

本杰明兴奋得脸颊都红了："爸爸，你怎么不早说呢？我喜欢当一个印刷工人，我明天就去詹姆斯那儿。"

从此，本杰明·富兰克林与印刷业结下了不解之缘。从他成为一名印刷所的小学徒之日起，他便正式步入了丰富多彩的人生旅途。

“偷”来的书夜里读

自从进了印刷所当学徒，本杰明整天就跟书打交道，读书的机会自然多了。但是，现有的书本还是难以满足他的阅读胃口，他还得不断地找书来读。一次闲谈中，他听到在书店当学徒的彼得讲起他们店里的书如何如何多，他便央求彼得带他去书店看看。

那天傍晚，本杰明做完了一天的工作，来到彼得的书店。此时，街上所有的店铺都已经关门打烊了。本杰明跟着彼得悄悄走进店里，在彼得点燃的烛光里，他看到三个顶天立地的大书架占据了书店的三面墙，每个书架都是从

底到顶排满了装帧得花花绿绿的书籍。本杰明又惊又喜地说：“啊，我掉到书海里了！”

望着这么多的书，本杰明心里痒痒的，忍不住上前抽出一本，借着烛光翻阅起来，他越看越喜欢，当彼得催促他离开时，他还是舍不得放下手里的书，便向彼得恳求道：“让我把这本书带回去看完吧。”

彼得慌忙夺下书，放回原处，说：“那可不行，绝对不行。要是让我老板知道了，说不定怎么惩罚我呢。”

不论本杰明如何恳求，彼得就是不敢把书借给他。

后来，本杰明想了想，说：“我只借一个晚上，明天你们开门前就还给你，你们老板不会知道的。这行了吧？”

彼得也想了想，说：“你还得保证决不损坏书。”

本杰明激动地拉着彼得的手，说：“好彼得，太谢谢你了。我保证，我什么都保证。”

本杰明把书揣在怀里，一路跑着回去了。

从这以后，本杰明常常到彼得的老板那儿“偷”书来读。每“偷”到一本书，他都得抓紧时间尽快读完，以保

证第二天书归原处。为此，他经常是彻夜阅读。有些太厚的书，一个晚上读不完，他就第二天早上送回去，晚上再“偷”出来接着读。这种“偷”书读的方式训练了本杰明的阅读速度，也养成了爱惜图书的习惯，他看过的书，总是干干净净，完好如新，从没丝毫的污损。

印刷所有位老主顾亚当斯先生，是位精明和善的商人，有着一副绅士派头。亚当斯先生非常喜爱读书，他的家里藏有大量的书籍。亚当斯先生与城里的印刷所和书店都有密切的联系，经常向印刷商和书商订购新书。

那时，有身份的人买书，总是由卖主派人送书上门。在詹姆斯的印刷所里，送书上门的差事当然属于本杰明的分内之事。一天，詹姆斯又派本杰明给亚当斯先生送书，那是一本刚刚印出来的新书，本杰明还没来得及去读。到了大街上，他不由自主地翻开书，边走边看，见到亚当斯先生的时候，本杰明已经把书中的内容大致浏览了一遍。

亚当斯先生接过书，看了看，夸道：“印制得很漂亮。”随口又问：“是你干的吗？这本书有趣吗？”

本杰明当即就针对作者在书中表述的观点提出了几条

反驳意见，措辞严厉武断。

当本杰明发表意见的时候，亚当斯先生始终面带微笑倾听着。他喜欢这个长着一双聪明的大眼睛的“詹姆斯印刷所里的小学徒”，今天听了他的这一番话，惊讶之外更多的是赏识。真没想到，这个年纪只有十二三岁的小学徒，竟能说出这么有学识有见地的话来，他该读了多少书啊！长大了准有出息！

“小伙子，跟我来。”

本杰明跟着亚当斯先生走进一间屋子，一进去，他就被自己所见到的景象惊呆了：好几个大书架上排满了各种各样的书籍，就是彼得书店的老板也没有这么多的书啊！

本杰明还在惊叹的时候，亚当斯先生已经转到里面去了。待他再出现的时候，手里拿了一本书，把它递给本杰明，说：“小伙子，回去好好读一读这本书，我相信，它会对你非常有帮助的。”本杰明接过书，看见封面上写着：

回忆苏格拉底

色诺芬 著

本杰明说了声“谢谢”，便离开了亚当斯先生的家。

到了晚上，本杰明迫不及待地拿出《回忆苏格拉底》，挑亮了烛光，埋头阅读。书里列举的辩论方法把他迷住了。辩论者不断向对手提出问题，慢慢令对方陷入自相矛盾的尴尬境地，使对方的观点漏洞百出，不攻自破。在整个过程中，辩论者的语气和态度自始至终都是谦恭而温和的，并没有咄咄逼人的气势，也没有使用激昂慷慨的词语，而貌似谦逊的问话中，却包含着过人的智慧和缜密的思维。

到了这时，本杰明已经完全明白了亚当斯先生的用心，他意识到了自己在发表意见时的粗暴和固执的态度，他决心改掉这种毛病。

此后，本杰明经常去亚当斯先生那儿借书，而亚当斯先生对这个聪明好学的小学徒格外照顾，向他大开方便之门，允许他自由出入自己的藏书室，随意借阅任何书籍。这样，本杰明再也不必“偷”书了。

亚当斯先生为本杰明的自学成才提供了丰富的知识资源。

缪斯梦的破灭

本杰明14岁生日之际，亚当斯先生送给他一套精美的诗集作为生日礼物。本杰明一口气将诗集读完，那优美而富有激情的诗句、铿锵而朗朗上口的韵律、绮丽而充满想象的修辞，令本来就喜爱诗歌的本杰明如痴如醉。一行行诗句，像一团团燃烧的火焰，点燃了本杰明心中的诗情，激发了他的创作欲望，他开始写诗了。

一天，詹姆斯看到了弟弟写的几首小诗，读过之后，感觉诗写得不错，认为弟弟很有天分，便鼓励他继续写作。

一个月以后，本杰明完成了两首叙事性长诗。一首叫

做《灯塔恨》，叙述的是不久以前发生的一个真实的悲剧故事：波士顿第一座灯塔的看守人乔治·沃思莱克，在去镇上的途中遇到风暴，与他的两个女儿同时沉船遇难。另一首叫做《水手之歌》，写的是海盗黑胡子被捕伏法的经过，也是以现实事件为依据创作的。两首诗都采用了民歌的体裁。

本杰明把两首诗歌拿给哥哥看，哥哥认为它们写得好极了，并且说："如果我们把这两首诗歌印成小册子，拿到街头去卖，销路肯定小错。"

本杰明犹疑地说："这能行吗？别人不一定会喜欢我写的诗。"

詹姆斯扬起眉毛，额头上立刻堆起几道皱纹，同时眼睛朝上一翻，又连带努起嘴唇，这种表情使他看上去十分傲慢自负。他说："为什么不行？你不懂生意经，听我的没错，明天我们就开印。"

两首诗印好之后，詹姆斯让本杰明拿到镇上去兜售。正如詹姆斯所预料的那样，这两首诗因为语言俚俗、明白易懂、内容新奇、曲折动人，尤其是和时事有关，故而销路特别好，人们争相购买，先睹为快，小册子很快就被抢购一空。本杰明也因此而小有名气了。这意外的成功使他

受到了极大的鼓舞，他不能不为自己的成功而沾沾自喜，并且，开始认真地做起诗人梦来了。

父亲知道了小册子的事，非常生气，他直接来到印刷所找本杰明。一进工作间，就看见本杰明正站在印刷机旁忙碌着，老富兰克林走近前去，看清了本杰明正在印一本诗集。他拿起来看了两首，便断定那些诗定是出自儿子之手，顿时勃然大怒。他把诗集抓在手里，狠狠地伸到儿子的面前——几乎碰到本杰明的鼻子，气呼呼地说：“这就是你写的诗吗？你怎么能管这些东西叫诗？我看你太不知天高地厚啦。你想搞什么名堂？你想糟蹋诗吗？我警告你，不是什么人都可以成为诗人的，你最好趁早别做诗人梦。你看看你写的这些东西，哪一句没有毛病？这样蹩脚的诗印出来给别人看，还不被人笑死？我都替你害臊。”

父亲这一顿连珠炮似的抨击，给本杰明兜头泼了一盆冷水，令他十分沮丧。但是，他又是个通情达理的孩子，虽然觉得父亲的话不留情面，但是静心一想，觉得也有道理。于是，他毫不犹豫地销毁了自己的全部诗稿，发誓再也不写诗了，并且听从父亲的劝告，开始倾向于学习散文写作。

他找来几篇文笔优美的散文，反复阅读几遍之后，将

每一句的思想都作出简单的摘要，然后把它放起来。过几天再拿出来，按照摘要提纲，用自己所能想起来的最合适的词语重新扩写，力图恢复原文的风貌。然后，再把原文找来，对照自己的文章进行比较，从中找出自己在表情达意方面的不足。这样反复训练之后，既提高了自己的记忆能力，又增强了写作能力，收到了一举两得之效。多年以后，本杰明·富兰克林成为了一个优秀的散文家，他的散文以句法简洁、文笔生动、语言平易著称，尤其值得一提的是，他写作的自传被誉为美国文学史上的经典著作。

谁是“多古德夫人”

印刷所的发展并不理想，因为在这个拥有不足20万人口的城镇里，对书籍和印刷业的需求并不多。富兰克林兄弟俩苦心经营、辛勤工作，甚至承接一些诸如在布匹上印制图案之类的活儿，以维持印刷所的生意。

1721年8月，詹姆斯创办了《新英格兰报》，这是美洲大陆上出现的第三种报纸。当初，詹姆斯的许多朋友都极力反对他办报，有人还预言，詹姆斯不会成功的，因为美洲不需要新的报纸。詹姆斯力排众议，在几位志同道合者的支持下，一手把报纸办了起来，自任主编，并邀请了几位擅长文墨的朋友为报纸撰稿。本杰明则负责排印、送

报等工作。

在炎热的盛夏，《新英格兰报》创刊号出版了，它一问世，便受到了民众们的热烈欢迎，首期报纸销售一空。詹姆斯和他的朋友们受到了极大的鼓舞，更增强了办报的信心。

《新英格兰报》一开始便力求面向广大的市民，时常在报上就一些焦点问题和人们关心的社会问题展开讨论，它还经常刊登轻松幽默的文学小品，读者反响极好。报纸的声誉日隆，渐渐吸引了一批有才智的文人作家，他们不但为报纸撰文投稿，还经常出入印刷所，参与评论、修改外面投来的稿件。每当詹姆斯和这些人在一起高谈阔论的时候，本杰明总是静静地在一旁用心倾听，他们的谈话给了他许多启发，他非常想把自己的见解诉诸文章，也为报纸撰稿。但是，本杰明的心里十分清楚，如果他直接向报纸投稿，哥哥一定会看都不看就扔到废纸堆里，而且会骂他不自量力。怎么办呢？几天以后，本杰明终于想出了一个好办法。

一连几个晚上，干完了一天的工作，别人都进入了梦乡，本杰明却点起蜡烛，伏案写作。他写得非常用心，每一段话都写得优美感人，每一个观点都表述得确切明了。

文章写好后，他故意模仿另一种笔迹抄好，署名“多古德夫人”，这是他想出来的化名。趁着夜深人静，本杰明悄悄地把稿子塞进印刷所门口的稿件箱里。当这一切都按照他的计划完成之后，他长长地吁了一口气，朝着詹姆斯卧房的漆黑的窗口诡秘地笑了一笑。

第二天，詹姆斯打开稿件箱时发现了这份稿件。他从头到尾浏览一遍，立即被文章优美的语句和严密的逻辑性吸引住了，马上又细细读了一遍，心中叫好不绝。等到他的朋友们来访时，他兴致勃勃地拿出“多古德夫人”的文章，给大家传阅。大家边看边议，一致认为这是一篇不可多得的上乘佳作。评论过文章之后，大家开始议论作者的情况，但是，没有一个人知道这位“多古德夫人”是谁，顶多能断定这是一个化名。大家东猜一个人、西猜一个人，提到的都是当时著名的作家文人，本杰明知道，那些人都是极有才智和学识的，自己能够和这些人相提并论，尽管说话议论的人并不是有意的，但也足以让他高兴的了。心花怒放的本杰明生怕被人看出破绽，他紧闭双唇克制着不让自己笑出声来，深埋着头，假装认真地干活。

文章被刊登在最近一期的《新英格兰报》上，果然赢得了一片赞誉之声，许多读者写信给报社，询问“多古德

夫人”的情况，有的还表达出渴望一睹夫人风采的愿望。初试锋芒便获得了如此的成功，本杰明深受鼓舞。一个星期以后，他第二次把“多古德夫人”的文章塞进了报社的稿件箱里。从此。每两个星期，“多古德夫人”就投来一份稿件。“多古德夫人”就像一个神秘的幽灵，定期出现在《新英格兰报》上。

一天下午，詹姆斯和他的朋友们又在报社里讨论稿件，有人又提起了神秘的“多古德夫人”。

“这个人隐藏得非常好，他好像故意和我们玩捉迷藏。”詹姆斯现在对这位“多古德夫人”有些怨气：《新英格兰报》已经连续刊登了“她”好几篇文章，读者对“她”的赞誉声也愈来愈高，而他这个办报人兼主编竟对“她”一无所知，这不能不令他感到有些恼火，“他到底想做什么呢？用意何在？居心何在？真让人费解！”

“可能是位从欧洲流亡来的学者，有什么难言之隐，因而不便露面。”曾经游历过欧洲的理查德对欧洲充满了无限的好感。

“从他的文章来看，应该是一位30岁以下的年轻人，思想比较活跃，观点也很新颖。”说这话的正是这群人中最年轻的一位。

“我可不这么看，我猜他至少有50岁的了。他的学识非常丰富，对问题的分析又那么切中要害，这些也恰恰是他的文章里面所表现出来的，——不可能是位小伙子。”另一位慢条斯理地反驳说。

“不可能是位小伙子，那么，就有可能是位姑娘啦。希望她是个年轻漂亮的姑娘，如果上帝保佑让我见到她，我一定要当面向她求婚。”相貌堂堂、留着满脸大胡子的盖比一向都喜欢开玩笑。

所有的人都忍不住哈哈大笑起来，而其中要数本杰明笑得最响，因为他心里想的是盖比打算向自己求婚，他笑得都直不起腰来了。

詹姆斯看见弟弟为“多古德夫人”笑得那么放肆，心中更加烦躁，他厉声说：“本杰明，你太不懂规矩了！我们在这里讨论问题，你怎么能如此放肆？这里没你什么事，你赶快给我出去！”

大家立刻止住了笑，几双眼睛一齐看着本杰明。他感到自尊心受到了强烈的伤害，他并没有什么过错呀，哥哥这样对待他是不公平的。他试图为自己辩解：“可是……可是……”但他一时又不知说什么好。

“啰嗦什么？这里没你说话的份儿，还不快滚！”詹

姆斯粗暴地打断他。

本杰明的血直往头上涌，他感到自己像要爆炸了一般，屈辱和愤怒像两条鞭子交替抽打着他，他本能地想挣扎反抗。终于，一颗“炮弹”从本杰明的嘴里飞了出去：“我就是多古德夫人。”

“你？真的？”所有的人全都惊呆了，真好像挨了一颗炮弹一样。

“别听他胡说八道。你快给我滚出去！”詹姆斯恼羞成怒。

“炮弹”打出去以后，本杰明的心里反倒平静了许多，他想：事已至此，干脆就在今天揭开“多古德夫人”的面纱。

于是，本杰明当众将自己化名“多古德夫人”投稿的前后本末详细叙述了一遍，讲完，又跑回自己的房间，把以前的手稿拿给大家看；当场又按“多古德夫人”的笔迹写了几行字，请大家鉴定真伪。

“多古德夫人”终于露出了真面目，谁都没想到，“她”竟是一个16岁的少年。

哥哥终于无话可说了。

詹姆斯的朋友们对本杰明说了许多赞扬和勉励的话，

并且开始对他刮目相看。不料这又加重了詹姆斯对本杰明的不满，在他的眼里。本杰明只是他的小学徒，是不可以超过自己的，不论徒弟有了什么进步，都应当归功于老板兼师傅的他。

“多古德夫人”一事刚平息没有多久，詹姆斯的报社发生了一桩灾难性的事件，它间接地影响了本杰明·富兰克林的命运。

远走高飞

不久以前，有一伙海盗掠夺财物后，装上海船扬帆而去。当局得到报告以后，嘴上虽说要派人追捕，实际上却按兵不动，这引起了民众的强烈不满。

在6月11日的《新英格兰报》上，詹姆斯刊登了一则匿名者的报道：

我们从波士顿得知，马萨诸塞殖民地政府已经装备了一条船（“飞马”号）去追逐海盗，由彼得·帕皮永船长指挥。据推测，如果天气和风力允许的话，该船将在本月的某个时候起航。

这露骨的讽刺触怒了参事会，当局者下令逮捕了《新英格兰报》的办报人詹姆斯·富兰克林，罪名是抨击参事会。

詹姆斯受到了严厉的审讯，法庭要他供出写这条报道的人是谁，詹姆斯严守行业道德，始终不肯说出作者的名姓，因而被判了刑，锒铛入狱。

法庭还同时传讯了本杰明·富兰克林，希图从这个小孩子身上找到什么线索。在法庭上，本杰明不慌不忙地为自己开脱说："我只是一个小学徒，只知道按照老板的吩咐工作，对老板的事无权过问，也不应该问。再说，即使我知道作者是谁，我也不能告诉你们，因为我的学徒合同上写着：学徒应该为他的师傅保守秘密。"

当局者对本杰明无可奈何，便胡乱地把他训诫了一顿，权当出气，最终只得放他回去。

本杰明回到报社，心情十分沉重，哥哥不在了，报社里显得冷冷清清的；工人们围坐在一起唉声叹气；没能及时处理的稿件摊在桌子上，新出版的报纸则堆在地上。一切都陷入了无序状态。难道刚刚起步又正在发展的《新英

格兰报》就这么结束了吗?

到了晚上，詹姆斯的几个好友来报社探听消息，得知詹姆斯被投进了监狱，大家又是气愤又是难过，他们对本杰明说："詹姆斯的事我们爱莫能助，不过，报社里的事我们还是可以帮忙的。如果你能暂时代替你哥哥管理报纸，我们很愿意助你一臂之力。"

就这样，在哥哥入狱的日子里，本杰明挑起了办报的全副担子，独立经营着《新英格兰报》。他继续以"多古德夫人"的笔名撰写文章，更加辛辣地挖苦当局；他还在文章中呼吁增加社会福利、倡导戒酒和提倡节约，要求言论自由。这涉及了许多社会及道德问题。他的文章活泼生动又言简意赅、见解独到，备受读者欢迎。这段时期，本杰明可是大出了风头，一下子名声大噪。

一个月后，詹姆斯因为健康原因获得了假释，他虽然恢复了人身自由，却失去了办报的自由，当局下令，未经有关当局严格审查，詹姆斯·富兰克林不准印刷和发行《新英格兰报》或其他类似的刊物。

回到报社，詹姆斯看到报社的一切都井井有条，工作

运转正常，他心里很是欣慰。但他又看到弟弟，同时也是学徒的本杰明非常活跃，名声差不多快要超过自己了，心里又很不是滋味。

为了防止当局再来找麻烦，詹姆斯反复考虑，怀着复杂的心情，最后决定把《新英格兰报》转到了本杰明·富兰克林的名下。另外，詹姆斯又考虑到，如果本杰明仍然以学徒的身份接管报纸的话，以后一旦再出现什么问题，当局必定还要追究师傅的责任。于是，詹姆斯便把以前的学徒合同还给了本杰明，并对外宣称：鉴于本杰明已经熟练掌握了印刷技术，具有了独立工作能力，特此准予提前出师。

当本杰明接过合同的时候，他高兴的心情简直无法用言语表达。四年来一个任人摆布的小学徒的生涯就要结束了，他将成为一名享有自由的工人了。他的脸上布满了喜悦，他真想痛快淋漓地大笑一通。可是，还没等本杰明来得及笑出来，詹姆斯又对他说：“现在，我们得另外签订一个新合同。”

“什么新合同？”本杰明不解地问。

“一个适合你尚未完成的学徒期限的新合同。”詹姆斯咬文嚼字地说，听上去有些居心叵测，“实际上，你的学徒期还没有结束，我仍然是你的老板和监护人。只是，这个新合同是不必要公开的，你应该明白，为了对付当局，我们不得不这么做。”

本杰明感到有些透不过气来，刚才的满心欢喜，转瞬间结成了一个疙瘩，堵在心头。他开始明白詹姆斯在玩弄一个阴谋，不仅是针对当局。

本杰明委屈地跑回家去找父亲诉苦。每次他和詹姆斯之间发生争执，或者詹姆斯欺负他的时候，他都去找父亲评理、倾诉，父亲是爱他的，也是公正的，他总会从父亲那儿得到安慰。

听了本杰明愤愤不平的申诉，老富兰克林温和地看着小儿子，说：“本杰明，你一直干得很出色，如果你想继续干下去，就不必计较太多。”

父亲的话像和煦的风，吹散了本杰明心中的乌云，使他顿觉豁然开朗。

《新英格兰报》在本杰明的精心策划和全力经营下，

获得了极大的成功，发行量稳步上升，价格也提高了。

看到《新英格兰报》以弟弟的名义遍布波士顿，弟弟也因此赢得了越来越多的赞誉，詹姆斯心里很不自在，他妒忌了。詹姆斯对本杰明的态度一天比一天粗暴，动辄大发雷霆，有时甚至拳脚相加。本杰明多次提出抗议，却只能加重哥哥的火气。兄弟俩的关系日益紧张，几乎到了水火不相容的地步。

一次，詹姆斯又找茬对本杰明大发脾气，本杰明实在忍无可忍，他据理力争道：“我们现在已经不是老板和学徒的关系了，我们双方都互相尊重一些好不好？”

“谁跟你说的，我们已经不是老板和学徒的关系了？你的学徒期限还没满呢！”詹姆斯盛气凌人地说。

“你说我们还是老板和学徒的关系，你有什么凭证吗？”本杰明毫不示弱地“将”了哥哥一军，他心里清楚，詹姆斯不敢把新合同拿出来。

“你……”詹姆斯顿时语塞，“你别太得意了，看你那副轻狂骄傲的样子！你应该想清楚，报社和印刷所的主人是谁？是我！这里是我的天下，我说了算，我想让谁滚

蛋，谁就得给我滚蛋。”

本杰明气愤极了，他尽力控制着自己发抖的喉咙，大声说：“你看不惯我，我这就走。我凭着自己的技术，到哪儿都能找到一份工作，我可以自己养活自己。”

詹姆斯怪异地笑了笑，阴阳怪气地说：“噢，是吗？你以为你的翅膀已经够硬了，能飞了？我倒是很愿意知道，你的技术究竟有多高明。”

本杰明真的去找工作了，他渴望做一个名副其实的自由工人，不用受老板的欺侮，口袋里有自己的薪水。可是，当他向波士顿城里的几家印刷所的老板推荐自己之后，得到的差不多是一致的婉言拒绝。

当他又来到一家印刷所时，好心肠的老板告诉他：“孩子，你别再浪费时间了，你在这座城镇里是找不到工作的，没有人敢留用你。因为，你的哥哥詹姆斯·富兰克林先生刚刚和我们打过招呼，让我们一定拒绝你。孩子，别怨恨我们，詹姆斯和我们都干一行，我们不能不给他一个面子。回去吧，安心干活儿，詹姆斯很需要你。”

本杰明感到前所未有的伤心绝望，詹姆斯的行为太卑

鄙了，他怎么可以这样待他呢，简直是欺人太甚，这太不公平了！他再也不愿回到詹姆斯那儿工作了。那么去哪儿呢？他真想跑回家去，扑进妈妈的怀里大哭一场。可是。眼泪是没有用的，即使得到爸爸的安慰也无济于事。本杰明的脑子里一片空白，茫然不知所措。

“叮当、叮当……”突然传来的一阵铃声，本杰明下意识地抬起头，才发现，自己不知不觉地来到了港口。著名的波士顿港永远都是热闹而繁忙的，大大小小的船只来来往往，各种各样的货物载进运出；一艘写着“波士顿——纽约”字样的双桅帆船正摇摇摆摆地驶离港岸，刚才听见的就是它起锚的铃声。本杰明心里豁然一亮，一个想法清晰地涌现在他的脑海里，他激动得深深地吸了两口气。

离家出走的准备是在暗中进行的，本杰明的心里十分清楚，他不能让家里的任何人知道，否则，他们必将千方百计阻拦他。在亲人们面前，本杰明尽量装得若无其事，不露出丝毫的破绽。他偷偷卖掉了一部分书籍，所得的一小笔款子就充作路费；自己又略备了几件简单的行李。一

切准备妥当以后，4月里的一天，本杰明在好友柯林斯的帮助下，搭乘一艘开往纽约的单桅小帆船，悄悄离家出走。此时，他只有17岁。

两个星期后，报纸上刊登了一则广告：

住在皇后街的印刷商詹姆斯·富兰克林，想要一名可靠的少年当学徒。

费城奇缘

本杰明在海上航行了3天，顺利到达了纽约城。可是，那里的印刷商无法为他提供工作，仅仅告诉他，160千米以外的费城需要印刷工人。

本杰明又登舟南下。

船在横渡海湾时遇到了强烈的飓风。狂风凶猛地翻搅着海水，汹涌的波涛像一座座小山，接连不断地朝小船压下来。风浪中的小船如同一片树叶，随波起伏；暴风把帆撕成了碎片，小船一直被吹到了长岛。

可是，由于长岛沿岸岩石险峻，船无法靠岸，全船人

只好在海上停留了一夜。这一夜，风雨未歇，一阵阵海浪打过船头，冲进小小的船舱里，船上所有的人都湿淋淋地挤在一起。半夜里，本杰明发起高烧。他想起以前读到过的一本书中介绍说，多饮凉水可以退热。于是，他便喝了大量的凉水，第二天早上居然好了。

这次航海，人们在船上待了四十几个小时，最后既无食物，又无饮水，只剩下一瓶混浊的烈性酒。好不容易等到风平浪静，总算结束了这次噩梦一般的海上航行。

上岸后，本杰明朝着80千米以外的柏灵顿进发，从那里，他可以乘船直抵费城。一路上，本杰明徒步而行，沿途又碰上风雨连天，本杰明浑身湿透，疲倦难支，而且，离柏灵顿还有很远的路途。此时，本杰明的心里升起了悔意，他多么希望自己没有从家里不辞而别，多么希望在这样风雨交加的天气里坐在温暖的房间里读书，多么希望在这样一个饥肠辘辘的傍晚和全家人围坐在餐桌前吃妈妈烤的小甜饼。可是，一切都已为时太晚了。本杰明突然悲从中来，他抱住路旁的一棵小树，放声痛哭，凄切的哭声和着风雨，飘洒在无人的旷野上。哭过以后，坚强的意志又重新激励着本杰明·富兰克林，他拖着疲惫的身躯，忍受着

湿冷和饥饿，咬紧牙关，继续前进。

3天以后，本杰明到达了柏灵顿，他向镇上的一位老妇人买了一些食物，不知为什么，这位善良的老妇人还请本杰明吃了一顿香喷喷的牛肉饭，本杰明觉得美味极了。稍事休整，他又乘船前往费城。

在一个星期日的可爱的早晨，本杰明·富兰克林在费城登岸了。

经历了这一段艰苦的旅程，本杰明消瘦了许多，样子十分狼狈，满脸尘土，头发蓬乱；身上穿着一件污秽不堪的工作服，衣袋里塞满了脏汗衫和臭袜子，囊中仅剩下一个荷兰盾。

走在举目无亲的费城街头，本杰明的心情像大海一样茫然，咕咕鸣叫的饥肠才让他感到自我的存在。他决定，先买些食物填饱肚子，再找个地方好好地睡上一觉，然后去找工作，开始新的生活。

他找到一个面包铺，给了老板3个便士，窗口竟然递出了3只大面包卷儿，本杰明有些喜出望外。他把两个面包卷儿夹在腋下，拿着另一只边走边吃。他沿着街道一直走下去，一边东张西望地辨认街景。正吃着走着，路旁传

来一阵低低的笑声，本杰明循声望去，看见一位妙龄少女正站在一座房子前，看着他发笑。本杰明低头看看自己的狼狈模样，也觉得滑稽可笑，所以，他并不羞恼，反而朝少女回报一笑，并举手向她致礼。这个忘形的动作，又使夹在他腋下的面包卷儿掉到了地上，少女笑得更厉害了。本杰明红着脸拾起面包，一溜烟儿逃得远远的。

第二天，本杰明就在一家新开业的印刷所里找到了工作。雇主塞缪尔·凯默，看起来有些古怪、笨拙，一见面，他就自吹自擂地夸耀他的宏伟计划，吹嘘印刷所的前途无量。等到他领着本杰明参观他的印刷房时，本杰明看到的只是一副磨损严重的英文铅字和一架不知从什么地方弄来的残破的印刷机。

最后，凯默再次打量了一下本杰明，又问了他几个印刷业务方面的问题，然后不置可否地晃了晃脑袋，便决定雇用他了。本杰明临走的时候，凯默又叫住了他，问道：“你现在住在什么地方？”

本杰明略一迟疑，说：“我还没有找到固定的住处。”他没有说出，昨天他在教堂里睡了一夜。

凯默沉吟了一会儿，对本杰明说：“我这里没有地

方给你住。这样吧，我介绍你去里德先生的家里，他那儿有富余的房子，而且离这里也不太远，向东转过两条街，拐角的第二家就是，是一座临街的房子。我想你会满意的。”

按照凯默提供的地址，本杰明顺利地找到了里德先生的家，那的确是一座漂亮的房子。站在门口的台阶下，本杰明有种似曾相识的感觉。正在犹豫之际，只听身后有人问道：“先生，您找哪位？”声音非常悦耳动听，如一股潺潺的清泉在山中流过。

本杰明立即转过身去，顿觉眼前一亮，只见一位端庄美丽的姑娘站在自己的面前，“哎呀，怎么是你！这真是太巧了。”他兴奋地冲着姑娘说。

姑娘盯着眼前这位衣着整洁、相貌英俊的小伙子，竟是昨天那个肮脏不堪、举止狼狈的流浪儿。

“这太不可思议了。”姑娘感叹道。

于是，本杰明就在她家里住了下来。

这一年的冬天对本杰明来说有着极其重大的意义。他充分享受到了前所未有的自由，口袋里有了足够的钱，他实现了成为一名熟练工人的理想。与波士顿相比，费城的

政治和宗教环境比较宽松，这令本杰明十分满意。他开始广泛地接触社会、结交朋友。白天，他在印刷所里努力工作；晚上，与几位爱好读书的年轻人一起谈天说地，或者同房东里德先生一家共度愉快的时光。他和里德小姐的关系日益亲密，他们产生了不同寻常的感情。

这一段独立生活的经历使本杰明成熟了许多。

误走英伦

一个偶然的机会，宾夕法尼亚总督威廉·基思爵士得知了本杰明·富兰克林远离家乡、独自在异地闯荡的经历和勇敢创业的决心，便亲自前往凯默印刷所看望了本杰明，当面表示要帮助本杰明建立一个自己的印刷所，并许诺将让本杰明包揽承印政府文件的业务。本杰明认为这是一个难得的机会，他决定碰碰运气。为此，他特地回到波士顿，打算向父亲筹措创办印刷所的资金。

可是，父亲没有满足本杰明的要求。

重返费城后，富兰克林依旧在凯默的印刷所里工作。

时光荏苒，又是几个月过去了，基思总督一再怂恿富兰克林把他们的计划尽快完成，他主动提出：“如果你的父亲不愿意为你提供所必需的资本，就由我来帮助你好了。你只要开列出一份清单，写出一个一流的印刷所所需的物品，交给我，其他的事你就不必操心了。等到物品办齐全了，你就准备开业吧。”

富兰克林感到自己实在太幸运了。过了一段时间，总督又告诉富兰克林，他又有了另外一个想法，打算让富兰克林亲自前往伦敦选购机器和其他物品。一则，富兰克林尽可以选择最好的物品；二来，趁此机会，认识一下那里的书商和文具商，与他们建立联系，为将来发展业务打下基础。总督还说，如果富兰克林愿赴此行，他就替他写一封推荐信，同时做个担保；凭着这封信，富兰克林就可以去伦敦赊买一切物品。

从一名小学徒到一个熟练工人，富兰克林的印刷技术已炉火纯青，他渴望拥有自己的印刷所，他相信自己会比所有他认识的印刷商做得更出色。他愿意把握这个机会，他同意了基思爵士的安排，决定搭乘一年一度往来于费城

和伦敦之间的邮船前往伦敦。

临行前，富兰克林向黛博拉·里德小姐求婚。黛博拉也深爱着富兰克林，这一年来的朝夕相处，早已使这对年轻人心心相印、两情相悦。但是，黛博拉的母亲认为，他们还太年轻，况且富兰克林即将远行，不宜匆匆结婚，待富兰克林返回后再考虑婚事也不迟。

当落叶铺满了道路，秋季来临的时候，本杰明·富兰克林带着与黛博拉的海誓山盟，怀着对未来的憧憬，登上了“伦敦希望号”客轮，驶向另一个陌生而充满希望的港湾。

当富兰克林只身抵达英伦以后，他才知道基思总督根本没有替他写什么推荐和担保信，直到这时，他才认识到总督是一个言而无信的人，他只喜欢做空头人情而不给人以切实的帮助。富兰克林在异国他乡举目无亲，身上的钱又不多，陷入孤立无援的境地。但是，他很快振作起来：有一门手艺，就不愁没有立身之地。不久他就在塞缪尔·帕尔默的印刷所里找到份工作。

在帕尔默印刷所里，富兰克林接手的第一个活儿是

为威廉·沃拉斯顿的著作《自然宗教》排字。他对作者的观点很不赞同，便写了一篇题为《论自由和必然、快乐与痛苦》的文章，刊印了100份，分送给朋友们。他在文章中阐述道："避免痛苦和享受快乐的愿望是推动人们前进的因素。"又说："君主也不比奴隶有更多的幸福，乞丐也不比富翁更悲惨。"这篇文章在社会上产生了一定的影响，引起一些名人的重视。

不久，富兰克林离开了帕尔默印刷所，来到瓦茨先生的印刷所。瓦茨印刷所规模较大，有50名工人。这里的工人们嗜喝啤酒，他们以为喝浓啤酒可以健身，工作起来才有力气。他们看到新来的富兰克林不喝啤酒，只饮白开水，就送给他一个雅号，称他"喝水的美洲人"。可是，几个星期后他们就发现，"喝水的美洲人"比他们这些喝浓啤酒的人更强健有力。工作的时候，富兰克林两只手各拿一块大型的印版，而别的人只能两只手搬一块。

没过多久，富兰克林就因技术高超、能吃苦耐劳而受到老板的青睐和器重，同时也以他的聪明勤奋、待人真诚的人品赢得了工友们的拥护和爱戴。他还修改了印刷工

会的规章，并向工友们宣传戒酒的益处，大部分工人在富兰克林的劝说下放弃了喝酒的习惯，既省了钱又有利于健康。

随着对环境的熟悉和了解，富兰克林渐渐厌倦了弥漫于伦敦社会的追求时髦、崇尚奢侈的浮华风气，他的内心时常涌起强烈的思乡、思亲情绪，事实上，自从来到伦敦以后，他就一直在存钱，积攒回家的路费。

就在这时，富兰克林的好友德纳姆在来伦敦的船上结识的一位商人建议他回到费城。德纳姆说他存下了一笔钱，打算在费城开一家商店，如果富兰克林肯同他一道回去，可以在他的店里做个职员，等到熟悉业务以后，也可以学做生意。

于是，在伦敦呆了18个月后，富兰克林决定返回费城。

在还乡的航程中，富兰克林的心情极不平静，他站在甲板上，迎着海风，眺望大海，思考人生，构想未来。在他的眼里，大海不再是神秘不可测的，从汹涌的浪涛中，他感到了一股力量和勇气；那深邃的蓝色，蕴涵着智慧与

理性。他的新生活正在彼岸等待着他。

在伦敦的岁月，富兰克林是大有收获的。他结交了许多朋友，阅读了大量的好书，拓宽了视野，增长了见识。他的收益足以补偿他所经历的磨难，因为人生阅历是最宝贵的财富。

事业起步

在富兰克林离开美洲的一年半时间里，费城发生了一些变化：基思不再是总督，并且离开了此地。而黛博拉·里德小姐也已成了罗杰斯太太。原来，自富兰克林走后，黛博拉只收到一封他寄自伦敦的信，信上说，他一时还不能回去。在遥遥无期的等待中，黛博拉渐渐绝望了，后来，在亲友的劝说下，她嫁给了罗杰斯——一个陶工。婚后，黛博拉才发现罗杰斯是一个人品卑劣的家伙，并且原来早有一位妻子。黛博拉很快就与罗杰斯分手了。

德纳姆的杂货店如期开张，富兰克林在德纳姆的店铺里一边学习记账，一边帮忙照料生意。德纳姆为人忠厚

诚实，待富兰克林慈爱如父，他们相互尊重，合作得很愉快。可是好景不长，他们的生意开始还不到半年，富兰克林和德纳姆先后各得一场重病。富兰克林靠着年轻、身体素质好，战胜了病魔，恢复了健康，而德纳姆却一病不起，不幸去世。

德纳姆去世后，他的杂货店也更换了主人。富兰克林再度失业。为了生计，他不得不再次回到凯默印刷所，重操旧业。

阔别两年，凯默印刷所本来有了一些发展，业务范围扩大了，增加了活字版，目前雇着5名工人，生意还算过得去。可是，由于不擅管理，凯默负债累累，面临着倒闭的危机。

另一方面，凯默虽然一直野心勃勃地急于发展业务，但他本人对印刷业却始终是个外行，就连他雇用的工人，他都无法在技术上给予指导。所以，当他听说富兰克林闲待在家，便主动上门，以高薪聘请富兰克林替他培养5名毫无经验的新工人，兼管业务。

富兰克林当然明白凯默的用意，但他仍然从与人为善的原则出发，尽心尽力地帮助凯默经营印刷所，无论做什么都是任劳任怨。印刷所里缺少铅字，而当时的美洲还没

有制造字模的机器，如果去英国订购，不说要花很长时间才会运到，并且，凯默也肯定不会同意花这笔钱。富兰克林便根据他在伦敦时看到过别人浇铸字模的印象，悉心琢磨，自己动手发明了一种铸模方法，解决了凯默印刷所铅字不足的难题。他还担当起雕刻铜版、制造油墨的工作，同时也是仓库管理员，几乎无所不干。

凯默印刷所在富兰克林的管理下日渐有序，工人们掌握了一定的印刷技术。与此同时，凯默的脸色也越来越阴冷，他对富兰克林的态度越来越坏，完全没有了当初“礼贤下士”的胸襟。目光短浅而又心胸狭窄的凯默认为，他已经用不着富兰克林了，他应想法省下那笔聘金。

终于有一天，为了一点儿小事，凯默与富兰克林发生了正面冲突。一气之下，他离开了凯默印刷所。

几度失业，使富兰克林深深体会到，受雇于人的日子是多么的痛苦，既没有自由，又缺乏保障。他多么希望能拥有自己的产业啊。可是，独立开业的资金又去哪儿筹措呢？想到这些，富兰克林不由得更加心烦意乱起来。

一天晚上，好友梅莱迪思来看望富兰克林。他对小他10岁的富兰克林十分敬佩，也非常同情富兰克林此时的处境。两位朋友见面后，先是发泄了一顿对凯默的不满和鄙

夷，接着，梅莱迪思热情地鼓励富兰克林，说：“你有这么好的印刷技术和管理才能，应该自己办一家印刷所了。我敢保证，你的印刷所一定会比凯默的强10倍。凯默印刷所现在的日子不太好过，将来会更糟，总有一天你会接管过来的。”

富兰克林紧锁眉头，神情黯然地说：“我何尝不想办起自己的印刷所，在我18岁的时候就想过。只是资金却是一个大难题——心有余而力不足呀。”

梅莱迪思却兴奋地说：“资金不成问题，由我来解决。我爸爸可以替我们筹到一笔款子。我曾经向他提起过你，他对你很有好感，他一定会帮这个忙的，你放心好了。这样吧，你出技术，我出资金，咱们俩合伙开一家印刷所，跟凯默抗衡；赚了钱我们平分。你看怎么样？”

富兰克林喜出望外，看着梅莱迪思真诚而热切的眼睛，他绽出了笑容，伸出右手，说：“一言为定！”

“太好了，一言为定！”梅莱迪思也伸出粗壮的右手。两只手紧紧地握在了一起，两个相知的年轻人走到了一起。

接着，富兰克林动手开列出一系列开办印刷所所需的机械、物品，由梅莱迪思托人去伦敦购买。他们被告知要

等待3个月。

有一天，凯默忽然来到富兰克林的住处。

一见面，凯默便满脸堆笑，不住地嘘寒问暖：

“富兰克林，亲爱的，你好吗？”

叫富兰克林名字的时候，他恨不得把舌头卷成一团，好像只有这样，才能表达出他的亲昵和友好。

看着凯默“声情并茂”的表演，富兰克林的心里打了一个大大的问号。

向梅莱迪思打听之后，富兰克林才知道凯默主动前来和好——甚至说是讨好的目的何在。因为当时凯默打听到新泽西的殖民政府决定发行纸币，这可是一宗大可获利的买卖。凯默很想承揽这笔生意，但又苦于没有这个能力。他想来想去，想到只有富兰克林能够胜任雕刻铜版的工作，只要把富兰克林拉到自己的麾下，他就可以击败其他的竞争对手，赢得这桩生意。于是，他跑到富兰克林面前演出了一幕自编自导的独角戏——“负荆请罪”。

富兰克林弄清了凯默的用意，微微一笑，说：“这活儿我干。”

梅莱迪思赞许地望着他，说：“我支持你，给你打下手。”梅莱迪思是了解富兰克林的，他知道富兰克林之所

以对凯默以德报怨，一方面由于他生性豪侠、乐于助人；另一方面也是出自他敢于迎接挑战的进取之心，他很想通过参与印钞工作提高自己的印刷技艺。

就这样，富兰克林设计并制造了美洲第一台铜版印刷机。他为纸币雕刻了一些精美的花纹装饰图案，令纸币生产监督委员会十分满意。当他随同凯默带着纸币设计方案前往柏灵顿时，委员会的成员都被他特有的魅力所征服，从心底里喜欢上了他。他们盛情款待富兰克林，而没有请他的老板凯默。

1728年初，富兰克林和梅莱迪思联合创办的印刷所正式开业了。他们的第一位顾客是一个农民，当他正在大街上四处寻找印刷所的时候，富兰克林的一位朋友把他领到这家新开张的铺子里。这个农民和他们做了一笔5先令的生意，然而，这适时而至的第一桩买卖足以使富兰克林和梅莱迪思感到比得了一顶王冠还要高兴，这5先令生意是他们正式跻身于印刷行业的开端，尤其对富兰克林来讲，它标志着他已经彻底摆脱了寄人篱下的命运，开始了真正意义上的个人创业。

创业伊始，一切都要从头开始，其条件之艰苦、资金之匮乏是可想而知的。富兰克林和梅莱迪思相互勉励、

通力合作，一个管排版，一个管印刷，配合得还算默契。由于他们还没有固定的主顾，因而还得由他们自己上门揽活。这时他们既承接零碎的小生意，也承印官方的文书。他们印制的印刷品，质量高超，准确无误，速度又快，因此赢得了客户们的赞誉，也得到了同行们的肯定。

蒸蒸日上

在18世纪20年代末，费城的经济还不发达，文化也比较落后，全城只有一份报纸，是当时的费城邮政局长布雷德福办的《美洲信使周报》。富兰克林看过这份报纸，觉得它内容枯燥、信息不足、编排平庸、印刷质量很差，但它却为布雷德福带来了丰厚的利益。富兰克林萌发了办报的念头。但是，还是由于资金问题，他办报的想法不能马上实现。

就在这时，韦布——凯默印刷所的一位雇工，逃学在外的牛津大学的学生找上门来，他愁眉苦脸地对富兰克林说，他在凯默印刷所再也干不下去了，希望富兰克林看在

朋友的分上，在印刷所给他安排一个工作。

富兰克林感到十分为难，他告诉韦布说："印刷所刚刚开业，目前业务不多，暂时还不需要人手。我很抱歉。"为了不使朋友太失望。他又向韦布说出了自己办报的打算："不过，我正打算办一份报纸，到时候一定会需要更多的人来帮忙，那时，我再请你来这儿。"

临分手的时候，富兰克林再三叮嘱韦布说："我办报的事还没向任何人透露过，现在还是个秘密，希望你暂时替我保守这个秘密，别对别人提起。"

谁知，韦布竟是一个极不守信用的人，他当即就把富兰克林办报的打算泄露给凯默，想以此讨好他的老板。

凯默立即先下手为强，抢在富兰克林的前面，仓促推出《世界艺术和科技导报及宾夕法尼亚新闻》。第一期报纸印发后，轰动了全城。半路杀出的凯默，使富兰克林深感意外，也深感气愤，因为凯默的举动根本就不属于公平的商业竞争。

几天以后，富兰克林以"好事者"为笔名，在《美洲信使周报》上发表了一系列幽默文章揭穿凯默的剽窃行径：他的报纸大部分栏目的内容都是从英国新近出版的一本艺术及科技大词典上抄袭来的。结果，凯默声名狼藉，

他的报纸的销量也一落千丈，一个月中，《世界艺术和科技导报及宾夕法尼亚新闻》的订数下跌到不足90份。

凯默终于支撑不住了，一个印刷所已使他负债累累，再加一份并不赚钱的报纸，简直使他雪上加霜，不堪重负。最后，凯默主动找到富兰克林，执意要将报纸转给富兰克林。富兰克林觉得他提出的价格自己能够接受，就答应了他。没有多久，凯默实在维持不下去了，就卖掉了印刷所，躲到一个偏僻的小岛上，过着穷困潦倒的日子。

对于办报，富兰克林绝不陌生，他已有过波士顿《新英格兰报》的锻炼，加上这几年闯荡欧洲，积累了丰富的人生经验。因此，他对接管凯默的报纸胸有成竹。首先，富兰克林给报纸换了一个简明扼要、一目了然的名字，即《宾夕法尼亚新闻》；其次，他对报纸的版面做了适当的调整，撤了几个空洞乏味的专栏，增加了民众喜闻乐见的内容，尽量反映市民关心的问题，表达市民的心愿和要求，扩大信息量，融知识性、趣味性于一体；在印刷上也力求美观、精致。

富兰克林亲自为报纸撰稿，他既当作者，又当编辑，同时又是印刷工。富兰克林一贯主张言论开放、新闻自由，他曾在报纸上撰文表明他的立场。他说：“当人们意

见相左时，双方都应当公平地拥有让公众倾听他们的意见的机会，当真理和谬误得到公平的机会，充分表达的时候，前者总是能够战胜后者……如果所有印刷商都决意只有当他们肯定一篇文章不会得罪任何人的时候才付诸印刷，那么，就会什么都印不出来。”

经过一番调整，《宾夕法尼亚新闻》面目一新，以印刷精美、文章清新活泼打开了知名度，备受读者好评，销路大增。在富兰克林以后的商业及政治生涯中，《宾夕法尼亚新闻》都是他的舆论阵地。

时隔不久，富兰克林事业上发生了一个变故。他的合伙人梅莱迪思和他解除了合作关系。仅仅过了一年半的时间，梅莱迪思对印刷业便感到厌倦了，他决定去乡下经营农庄，他认为他更适合干农活。

梅莱迪思走后，印刷所便留给了富兰克林独自经营，同时留下的还有200镑的债务，那正是当初梅莱迪思为创办印刷所投入的资金。

在两位挚友的慷慨资助下，富兰克林还清了债款，开始正式独立经营印刷所。

1730年9月，24岁的富兰克林结婚了，新娘就是黛博拉·里德小姐，这对有情人终成眷属。

婚后，温柔贤淑、通情达理的黛博拉成为富兰克林的忠实伴侣和得力助手。他们的爱情和婚姻成为一种积极的动力，从此，富兰克林的事业一帆风顺、蒸蒸日上。

不久，富兰克林成为一个印刷所和一份报纸的独立经营者，经济上也完全独立了。而这一切都和富兰克林克勤克俭、艰苦创业的精神分不开。白天，他在印刷房里操劳；晚上，在灯下编报，事无巨细，都要亲力亲为，显示出过人的精力和智慧。

1732年底，富兰克林首次独自编写并出版了名为《贫穷的理查》的历书。

在当时的美洲，书籍虽然很少，但是历书却非常普及，是每个家庭必备的物品，而许多家庭除了历书以外，几乎没有其他的印刷品，这也是美洲殖民地文化落后的一个例证吧。

《贫穷的理查》发行后销路很好，3个星期内便售出3版，在市场上压倒其他历书，独占鳌头。接下来的25年，富兰克林年年以理查的名义出版发行历书，“理查”不仅为富兰克林带来经济利益，也在人们心中树立起一个幽默而朴实的形象。

通过理查之口，富兰克林编辑的许多格言谚语成为家

喻户晓的名言警句。

历书上还介绍了牛顿的万有引力学说、伽利略的自由落体定律和物体惯性定律等，自觉地传播着科学文化。

印刷所开业4年后，富兰克林的事业越来越好，但是，经济的好转并没有改变他的生活习性，他依然过着简朴的生活，衣着朴素，饮食简单。

在品德修养上，他对自己的要求丝毫没有松懈。富兰克林反对那种对别人的缺点一目了然、而对自己的缺点视而不见或姑息迁就的态度。他为自己树立的座右铭是：尽可能使自己的缺点减少到最低限度。

就这样，终其一生，富兰克林始终都在努力不懈地完善着自我。

从事公益事业

早在富兰克林返回费城不久，即1727年秋季，他还在凯默印刷所工作的时候，他就倡议发起了一个叫做“共读会”的组织。开始的时候，“共读会”的成员，加上富兰克林只有4名，不久以后发展到11人。他们都是一些勤学上进、喜爱读书的年轻人，为了互相促进、共同提高的宗旨聚集到一起。他们中间，有诗歌爱好者，有自学成才的数学家，有技艺高超的工匠，也有年轻富有的绅士，还有商人的小书记。多年以后，这些人有的成为著名的商人，有的当上了地方的法官，还有两人做了测量局局长。

每个星期五晚上，“共读会”在固定的地点聚会，由每个成员轮流提出讨论题目，内容广涉科学、政治、文学和哲学等。富兰克林还拟订了一份“共读会”章程，其中规定：会员每隔3个月必须提交一篇论文，由全体会员集体评定。讨论时，允许大家各抒己见，以达到共同探求真知真理的目的。成员之间应当互相帮助、互相鼓励、交流知识、共同进步。章程还规定了“共读会”成员的人数为12人，如果参加的人员超过这个数目，就要成立从属的分会，给更多的青年以提高的机会。

“共读会”是富兰克林为费城的公共事业作出的第一个贡献，它一直持续了40年。此间“共读会”不仅是一个学术性团体，它在解决社会实际问题中也起了一定的作用。

随着北美与英国贸易上的不平衡发展，美洲的黄金白银源源流向大西洋彼岸，造成了货币短缺、物价上涨等不良后果。费城市民要求增发纸币的呼声日高，而银行家和大资本家则坚决反对，他们担心纸币增发会影响到他们既得的利益。两种意见相持不下，连议会也难以做出最后的裁决。

富兰克林以纸币为题目在“共读会”组织了热烈的讨论。大家共论利弊，出谋划策，提出了许多极具价值的见解。富兰克林把大家的意见归纳起来，撰写了一篇《试论纸币的性质和必要性》的文章。他站在广大市民及小商人、手工业者的立场上，以欧洲各国成功的先例为依据进行阐述：“货币不过是一种交易的媒介，而它的价值是以劳动力来衡量的。如果流通的货币是金银币，那么这些货币，在市场上流通之前首先得花费大量的劳动力去制作……目前商业日益繁盛，货币的流通量也随之增加，因此，用纸币代替金银币，不论从制作或使用的角度来说，都合乎经济规律。”

此文一经刊出，大受市民欢迎，并影响了舆论倾向，最终，增印纸币的呼声压倒了反对派的意见，议会根据民意通过了发行纸币的决议。为了嘉奖富兰克林在此事中所起的推动作用，议会还做出决定，将印刷纸币的特权授予富兰克林。

事情正如富兰克林预料的那样，新纸币发行后，费城的经济有了长足的发展，商业、建筑和人口都有相应的增加。

大约一年以后，富兰克林又创办了北美第一座图书

馆，这是美国文化史上的一件开天辟地的大事。此后各地纷纷效仿，民办图书馆如雨后春笋一般在北美各地涌现出来，大大促进了北美草创时期文化的进步和传播。

富兰克林一生都以助人为乐，他的许多亲属朋友都受到过他的慷慨资助，许多有志青年初入社会之时也得过他的扶持。从创建图书馆开始，富兰克林对公益事业的关注和推动，体现出了他的博大胸襟。

1733年波士顿之行，富兰克林注意到该城在城市消防方面有许多先进做法。回到费城以后，他立即与“共读会”成员探讨此事，并写出一篇题为《城镇防火》的文章，论述预防措施的重要意义，详细介绍了波士顿实行的先进有效的救火方法。在富兰克林的呼吁和督促下，费城建立了第一支由30名市民自愿组成的消防队，从而在一定程度上保障了城市居民的生活安全，费城也因此成为当时世界上消防最安全的城市之一。

接着，富兰克林又着手改革费城的治安。很久以来，费城实行夜间巡逻制度，由各区警官带领本区居民一起值勤，轮流巡夜；不能或不愿值班的人可以交付一笔治安费，作为雇用替代人员的基金。久而久之，这个制度暴露

出许多不合理之处，比如，收取治安费不考虑财产情况而采取平均摊派的办法；巡逻人员夜间值勤时聚众酗酒时有发生；警官为了捞取好处，多雇用无赖之徒做警卫，丝毫保证不了市民的人身财产安全。针对这些弊病，富兰克林提出加强城市管理，改良治安措施的意见，强化了市民的安全意识。

1736年以后，富兰克林正式参与了殖民地的政治生活，他先后被选为殖民地议会秘书、费城邮政局长、宾夕法尼亚议会议长、美洲邮政总长、宾夕法尼亚州长等。

为了发展费城的教育，富兰克林于1743年提议建立一所高等学校。在他的宣传下，市民们积极募捐，共集资5 000镑。几年后，学校正式开学，高大宏伟的校舍成为城内一大景观。这便是著名的宾夕法尼亚大学。

看到那些穷人因无力支付昂贵的医疗费而不得不忍受疾病的折磨，甚至有的人只能坐等死亡，富兰克林忧心如焚，在他的积极推动下，1755年5月，一座由政府及许多私人慷慨捐助而修建的新医院大楼宣告落成，无疑地，这又是一项造福于费城人民的慈善事业。

此外，富兰克林还建立了殖民地自卫武装、修筑道

路、设置街灯等等。只要是与公益有关的事情，无论大小，他都会竭尽全力去做，从不计较个人得失。最后，他在遗嘱中把个人财产中的相当一部分捐赠给波士顿和费城的公益事业，希望在他死后仍然能继续为社会和民众尽一份力量。

开垦电学荒地

1746年1月，荷兰物理学家彼德·范·米欣布鲁克和他的同事们在莱顿大学实验室中发明了世界上第一个蓄电器——著名的莱顿电瓶。这在电学史上是一个具有划时代意义的发明，把科学界对电的研究又大大地推进了一步。然而在当时，人们对于电的认识毕竟还很有限，欧洲科学家们仅仅将电区分为玻璃电和松脂电两类（丝绸与玻璃棒相摩擦而产生的电叫做玻璃电，毛或皮与松脂相摩擦产生的电叫做松脂电），并在实验中得出了所有物体都带电的结论，未通电的物体带有正常或者平衡的电量，通电的物

体含电量多于或少于常量。

同一年的夏季，苏格兰的斯彭斯博士在波士顿做了一次电学实验“表演”。当着众多观看者的面，斯彭斯博士像个魔术师似地拿起一根玻璃棒，在一块羊皮上摩擦了一会儿，然后将玻璃棒拿到一小堆碎纸屑上边，他仅仅是用玻璃棒接近纸屑，而并不挨到纸屑，纸屑就像受到了魔力的吸引，纷纷“跳”到玻璃棒上，并且牢牢地粘在上面。

博士的“表演”令在场的观众惊叹不已，大家都觉得它比魔术表演还精彩有趣。当时，前往波士顿探望母亲的富兰克林恰巧观看了这场表演，他被这神奇的“魔术”迷住了。在此之前，他对电的了解甚少，不过是听说过物体可以通过摩擦生电，从而吸引较轻的物体，而其中的奥妙，他却并不知晓，也无从探究。今天，他亲眼目睹了博士的演示，使他对电有了直观的认识，同时，也勾起了他的好奇心。

一回到费城家中，富兰克林便投入了电学实验。他首先请朋友从欧洲给他寄来一套电学实验仪器，又把家中的瓶瓶罐罐加以利用，建起家庭电学实验室。他详细阅读了

他能借到的有关电学的书籍，四处收集电学信息，他还和“共读会”成员一起设计并制造了一台机器，把一个球体固定在一个铁轴上，轴的一端有一个小手柄，摇动手柄，球就会像磨刀石一样转动起来。用它来代替人工摩擦生电，又省力又方便。就这样，富兰克林开始了在电学领域中的辛勤耕耘。几个月后，他便取得了可喜的进展。他在写给朋友的信中，细致地描述了他所观察到的新奇而特殊的电学现象，提出了电流纯一的观念，用术语阳性电、阴性电或正电、负电来代替玻璃电、松脂电的称谓。他不断实验，不断提出新的理论，又不断推翻、订正它们。富兰克林的朋友们都对他这种一丝不苟、孜孜以求的科学态度钦佩不已。

正当富兰克林对电学的兴趣日益浓厚，对电学的研究逐渐深入之时，社会公益事业也越来越多地占去他的时间和精力，再加上印刷所和报纸的业务，富兰克林每天都十分繁忙，他渴望能有更多的时间进行他的电学研究，但公益事业也是他难以割舍的社会活动。于是。1748年秋，富兰克林转让了他的印刷所和报纸，毅然退出商界，全心全

意致力于电学实验和公益事业。

这一年的整个冬季，富兰克林埋头于对莱顿电瓶的观察和研究，并有了惊人的发现。他首次发现了玻璃的绝缘作用，并用玻璃及其他材料制造了世界上第一个电池组。它是由11块普通玻璃制成的，每块玻璃的两面都粘有薄铅片；玻璃块按照间隔5.08厘米的距离竖直安放，用丝带固定住，并用链子将正面和反面连接起来；两旁各装上一个用粗铅丝制作的钩子，通上电以后，就成了电池组。

炎热的夏季来临了，因为高温潮湿的天气不适于做电学实验，朋友们奉劝富兰克林将实验暂时告一段落。富兰克林虽然接受了朋友们的劝告，但是不能进行电学实验使他心里有些懊恼。

夏季结束了，富兰克林的实验又开始了，这时，他把实验的重点放在电与闪电的比较上。他在详细比较二者的基本特征后，指出它们在如下12个方面的相同之处：1. 发光。2. 光的颜色。3. 方向弯曲。4. 移动迅速。5. 由金属传导。6. 爆开时有噼啪声或者杂响。7. 在水中或者冰里可以维持下来。8. 劈开其通过的物体。9. 毙杀动物。10. 熔化

金属。11. 引着易燃物质。12. 硫黄味道。从而推导出电流与闪电具有相同的性质，它们应属同一物质的结论。富兰克林同时还发现电流有受尖头吸引的特征，并为这一奇异现象惊叹不已。随即他便联想到："房屋、船只，甚至塔楼和教堂能够依靠尖头有效地得到保护，免遭雷击……"在这封写给朋友的信中，富兰克林提出了关于避雷针的最早方案。

这一时期，富兰克林通过朋友向英国皇家学会提交了两篇论文，《产生于实验与观察，有关带电物质的性质和效果的意见与构想，作于费城（1749）》和《有关电学的实验和观察结果，作于费城（1751）》。两篇论文遭遇了同样的结果，权威们对此不屑一顾，认为它们属无稽之谈。但这丝毫没有动摇富兰克林想要揭开雷电之谜、让真理造福人类的决心，即使在经历了那次危险的实验之后，他也没有改变自己的计划。

那是圣诞节的前两天，富兰克林正在家中进行着实验，不小心他被电流击中了，一道耀眼的电光闪过，同时伴有锐利的一响，富兰克林大叫一声，当场失去了知觉。

妻子黛博拉闻声跑来，看到丈夫倒在实验桌旁的地上，身体剧烈地抽搐，她吓得面色惨白，两腿一软，也倒在地上。好在过了一会儿，富兰克林苏醒过来，他扶起妻子，关切地问她怎么了。

黛博拉流着泪说：“不是我，而是你怎么了。我听到一声像手枪射击的声音，跑进来就看见你倒在地上，就吓坏了，我以为你……”黛博拉说不下去了，她伏在丈夫的肩上抽泣起来。

富兰克林安慰妻子说：“没事，没事，一切都过去了，我这不是好好的吗？”他又回忆着刚才的一幕说：“我当时只感到从头到脚受到猛烈的一击，随即就什么都不知道了。待我有了知觉以后，我感到身体在急促地抖动。当我看到你的时候，抖动也消失了，一切都正常了。”为了不让妻子替他担心，富兰克林故作轻松地用手拍了拍胸脯，给妻子一个若无其事的笑容。其实，他的另一只手此时还毫无知觉，像死掉了一样；而且，他的双臂和后颈有一种麻木感，这种感觉一直持续到第二天早上才消失。

富兰克林决定自己来证明闪电就是电的推论。他选择了费城一座正在建造中的尖顶教堂为实验场地，设想在教堂的顶部竖起一根铁棍，在雷雨天里，当带着闪电的云低空经过时，铁棍会把电从云中引下来。在等待教堂竣工的日子里，富兰克林每次从教堂旁边的广场上经过时都要停下来看看进展的情况。一天，他又从广场走过时，看到几个孩子正在放风筝，高高飘扬的风筝直入云端。富兰克林灵光一闪：对了，何不借助风筝引闪电呢，它一定比塔尖更接近云层。于是，富兰克林便与他的儿子威廉进行了那次著名的风筝实验。几乎与此同时，法国、英格兰和比利时等国的科学家们根据富兰克林的理论分别进行了雷电实验，法国国王还亲自观看了法国实验科学大师德·洛先生的实验，国王对引取雷电的实验很感兴趣，他把它称作“费城实验”。“闪电就是电”得到了多次证明，这使身在北美的富兰克林名满欧洲。

既然雷电可以从天空中引导下来，那么就有可能被直接导入地下，使建筑物免遭雷击。基于这样的推论，富兰克林又着手设计避雷针。他在铁匠铺里打制了一根3米

多长的细铁棒，顶端做成尖尖的，他把它安在自家房屋的烟囱上；铁棒的末梢接上金属线，将线沿着楼梯引到屋子里，然后通入地下。他把经过他卧室对面楼梯的金属线切断，两头各系一只小铃铛，并在铃铛之间悬起一只小铜球。

一天夜里，富兰克林被一阵噼啪声惊醒了，他跳起来冲出门去，看见一道道白色的电光将门口的楼梯照得通明，如白昼一般，在电光中，他还看到那只小铜球在两只铃铛中间摇摆不定，像是受到了铃铛的排斥。随着一个霹雳砸落在房屋顶上，铃铛爆发出响亮的噼啪声，同时放射出耀眼的白光。

全家人都被吵醒了，妻子、儿子和女儿全都惊慌失措地跑出来，小女儿更是被吓得哭着喊着找妈妈。黛博拉将小女儿搂在怀里，一边抚慰着她，一边问富兰克林说：“到底发生了什么事？我们有危险吗？”眼睛里一半是惊恐，一半是困惑。

富兰克林神态自若地宽慰着全家人，说：“一切正常，不要担心。刚才只是雷电击中了我们的房子，房子上

的铁棒救了我们，使我们避免了雷击的危险。现在，我们大家都回到床上继续睡觉吧。”

几天以后，富兰克林在报纸上详尽介绍了他设计的避雷针及其功用，并制作了许多避雷针分送给亲朋邻里。实践证明了避雷针在雷雨天里可确保房屋安然无恙，而没装避雷针的建筑很容易遭雷击失火。避雷针很快被推广开来，1762年传入英国，1769年又被德国引进，到1784年，整个欧洲大陆的高层建筑物上都竖起了一根根金属杆，他们管它叫做“富兰克林棒”。

驰骋科学领域

风筝实验和避雷针的发明使富兰克林成为伟大的电学家，从而名垂青史。然而，富兰克林的贡献和才能却不仅限于电学方面，他的开拓足迹遍及19个科学领域。

在医学方面，他研究过天花的传染；设计出美洲医学史上第一根柔性输液管。

在光学方面，他提出来自太阳的光不是微粒而是以太波的猜想。

在地质学方面，由高山顶峰的岩石——海贝岩石，他想到："我们肯定是居住在一个世界的遗址上面。"

在农业科学方面，他最早认识到国家的农业资源不应被浪费，农垦应该成为一门科学和一种生活方式。他曾协助老朋友梅莱迪思用石膏粉作肥料，研制生产沼气的方法。后来，他自己购买了一个122公顷的农场，进行印第安玉米、燕麦、红三叶草和牧草的种植实验。

另外，他还涉猎了天文学、数学、物理学、化学、植物学、海洋学以及气象学等学科的研究，并取得了一定的成就。其中，在物理学和气象学方面建树最多。

一次，富兰克林无意中发现，同在一间屋子里的铁和木头，铁摸上去要凉一些，而木头更接近空气的温度，经过一番试验，他指出了铁或其他金属比木头及其他非金属传导热量的性能好。后来，他又发现不同的颜色对光和热的吸收性能不同，并得出颜色愈深的物体吸收热量愈多，颜色愈浅的物体对光的反射愈强的论断。

富兰克林在气象学上最著名的科学活动是一次对风暴的研究。

自1732年编写《贫穷的理查》历书以来，富兰克林长期坚持每天预测天气。1743年10月21日，气象预告说大约

在晚上9点钟美洲东部可以看到月食现象，富兰克林当然不会放过这次难得的机会。谁知到了傍晚，天气突变，7点钟左右刮起了东北风，厚厚的云层遮盖了天空，月亮便淹没在茫茫的云海之中。富兰克林很失望，他只好在心中想象着云层后面的月亮由圆而缺、由缺而圆的过程。

几天以后，富兰克林收到来自波士顿的报纸，报上详细报道了月食的情况，这使他很奇怪，波士顿位于费城东北644千米处，为什么反而没有受到来自东北方向的风暴的影响？他立即动笔给住在波士顿的哥哥写信，向哥哥询问那天晚上发生的月食经过。哥哥的回信说，风暴是在11点钟左右开始的，因而没有影响到观看月食。这更使富兰克林迷惑不解，于是他又给美洲各地的朋友写信，搜集各处关于那场风暴的记录。他把各种信息排列在一起，分析比较后发现，越是靠近东北部的地区受风暴的袭击越晚。他又进一步得出风暴运行规律，并写成一份报告，投给美洲自然哲学协会。他在报告中写道：“这里我想试举两个事例，也许能帮助我说明风暴运行的规律。假设一条长长的沟渠，渠水在渠头被闸门阻住，当闸门被启开时，靠近

闸门的水首先流动起来，冲向闸门；紧靠着首批流动的那些水接着流动，如此接连不断，直至渠头的水也流动起来。在这种情况下，所有的水的确都流向闸门，但是，开始流动的顺序却是相反的，即：从闸门到渠头……因此我推测，墨西哥湾或者附近一定出现了天气炎热和空气稀薄的情况，才能产生东北方向的风暴……因为我们的海岸和内陆山脉的走向是东北—西南向，这规定了必形成东北方向的气流。”这份报告得到自然哲学协会的极大重视，富兰克林还因此被评为本年度最杰出的气象学家。

富兰克林的成就的确是多方面的，他一生还有多项发明造福于世。

当他还是一个小孩子的时候，他就开始了发明创造活动。游泳是富兰克林从小就喜爱和擅长的运动，据说，他会好几种泳式，而且还不断翻新，“风筝拖泳”便是他推新的一个花样。有一天，他又动手做了两个长25厘米、宽15厘米的椭圆形扁平木板，每片木板上都有一个小洞，游泳时，他一手拿一块木板，把大拇指套在小洞上。用这种木板划水，游泳的速度明显加快了，一眨眼的工夫，便把

小伙伴们甩在后面。后来他又制作了一双特殊的鞋，游泳时把它绑在脚底，也一样会提高泳速。这应该算是最早的游泳脚蹼吧。

富兰克林年少的时候在游戏中崭露的创造性天赋，后来在他成年的社会生活中得到更充分的显现，并使他获得了极大的成功。他发明过既省燃料又实用的“宾夕法尼亚壁炉”（又叫“富兰克林式火炉”）、自动烤肉机、高架取书器、三轮钟、玻璃琴和双焦距眼镜等等。他总是把每一项发明与公益事业联系在一起，希望他的发明能给公众带来方便和幸福，而不是以此为自己沽名钓誉或从中牟利。当有人要为他的一项发明申请专利时，他总是婉言谢绝，他曾说：“难道我们在日常生活中享受别人的发明还少吗？我应该把这个发明慷慨地献给大家，作为我享受别人发明的酬谢。”

富兰克林的身上具有一种与生俱来的科学精神，那就是敏锐与善思。不论遇到什么事情，他都爱问个为什么，喜欢溯本追源、寻根问底。常人一瞥而过的事情，在他都要深加研究，而且总能从中发现有价值的东西或者具有规

律性的东西。正因为他具有这种品质，他才能成为一个科学家；虽然他不是一个专职科学研究者，但他却和所有成就斐然的科学家一样著名。

在马里兰时，富兰克林与几位乡绅一同骑马游览风光，当他们走到一座小山坡上时，富兰克林突然看到下面的沟谷中有一股旋风正盘旋着升上山丘，旋风呈纺锤状，一边前进一边扩大。大家都停了下来，目送着旋风从身边经过。而富兰克林却策马跟了上去，尾随着旋风跑下山坡，细细地观察它的变化。他注意到旋风边旋转着前进边吸起路上的灰土、细沙和树叶什么的，当旋风进入一片树林时，一下子变得凶猛强悍起来，一股脑地将地上厚厚的落叶和树上的枯枝席卷而去，并且带着呼啸，以惊人的速度旋转着冲出树林。一到了平原，风速立刻减慢，风中裹挟的树枝、土块和小石子儿等等，像下雨一般飞落下来，旋风的体积也变小了许多。富兰克林突然想试试能不能将旋风打散，他挥鞭抽打，却毫无效果。这时，一根树枝落在马前，马受惊跳了起来，富兰克林险些被掀翻落马，他这才放弃了追踪，依依不舍地站在那儿，一直看着旋风远

去。

大家又会合在一起，富兰克林问道：“这样的旋风在马里兰很常见吗？”

一位乡绅风趣地答道：“不，一点儿也不常见，这是我们今天特意弄来款待您的。”

富兰克林是一个非常善于观察的人，他的视点几乎无所不在，就连他家壁橱里小蜜罐中的小蚂蚁都是他观察的对象。一天，他打开壁橱取蜜糖，发现小蜜罐里钻进了几只蚂蚁，这又引发了他的研究兴趣。他把蚂蚁捉出来，只留一只在蜜罐里，再把罐子用细绳吊在天花板上，他则耐心地盯着实验的对象。只见蚂蚁吃饱后，设法找到出路，沿着细绳爬上天花板，并顺着墙壁爬到地面上。不出半小时，一大群蚂蚁聚到一起，它们好像得到了什么指令一样，整齐地排着队，由原来那只蚂蚁带路，爬到蜜罐里，把蜜糖吃得一干二净，又顺原路离开。这一次蚂蚁行动令富兰克林惊叹不已，他认为一定有某种类似语言的东西在协调着这些小蚂蚁。

作为一位科学家，富兰克林是这样展望未来科学的，

他说："科学的迅速发展使我有时感到遗憾：我出生得太早了。我们不能设想，人类对驾驭自然的能力在100年甚至1 000年以后能达到什么程度。我们也许能够学会克服地球引力，举起庞然大物；农业能减轻劳力而使产量倍增；疾病可以有效地预防，而人类的寿命可以大大延长。"

富兰克林对人类科学前景的设想，不正是我们今天仍为之奋斗的目标吗?

新大陆的使者

在富兰克林的后半生，北美经历了一场轰轰烈烈的解放和独立运动。在这场美国摆脱殖民统治、争取自由的运动中，富兰克林发挥了重要作用。他在当时的国际政坛上出色地充任了外交家和政治家的角色。他成为世界著名的外交家，更是美国的一代开国功臣。

在18世纪，英国工业革命后，经济发展突飞猛进，但由于国内资源匮乏，远远不能满足工业发展的需要，因此，便把掠夺的手伸向海外殖民地，同时，它还将国内的财政危机转嫁给殖民地人民，利用增加税收的办法横征暴

敛，这就激起了殖民地人民的不满和反抗。而此时的北美殖民地的经济得到了一定的发展，并且随着南方与北方之间的贸易往来，逐步形成了稳定的市场，人口不断增加，英语成为通用语言。统一的美利坚已孕育成熟。

在与英殖民政府的斗争中，美洲13个殖民地渐渐结成了统一的联盟，成立了自己的核心组织，并于1774年召开了第一届大陆会议。各殖民地派代表参加了这次会议，并通过了“交英王请愿书”和抵制英货的法案。此时的殖民地代表会对英殖民政府仍抱有幻想，希望通过谈判协商来和平解决殖民地与宗主国之间的矛盾，于是，正在出使欧洲的富兰克林受殖民地代表的委托，与英政府进行谈判。在谈判中，富兰克林坚定地站在殖民地人民的立场上，坚决维护殖民地的利益，他向英政府提出严厉的忠告：如果英政府打算使用武力，必将遭到美洲人民的反击。而傲慢自负的英殖民者对北美人民的呼声充耳不闻，仍一意孤行。和平外交破灭了。

1775年4月19日，华盛顿将军在莱克星敦打响了独立战争的第一枪。14个月以后，以杰弗逊为首的弗吉尼亚代

表团提出了各殖民地脱离英国统治、成立自由独立政府的决议，从而将独立战争推向高潮。代表团决定起草一份独立宣言，并立即成立了起草宣言委员会，富兰克林当选为5个成员之一，他参与讨论并修改了由杰弗逊执笔起草的《美利坚合众国十三州共同宣言》，即《独立宣言》。7月4日那天，大陆会议正式通过了《独立宣言》，并将它公之于世，从此，美利坚合众国宣布独立。《独立宣言》标志着一个新国家的诞生；它第一次用纲领的形式表达了资产阶级的政治要求，在人类历史上第一次发出了关于人权的呐喊，马克思称之为“第一个人权宣言”。

从某种意义上讲，战争是敌对双方的经济和军事实力的较量。虽然美利坚高举着正义的旗帜，但它毕竟尚在襁褓之中，面对比她强大得多的敌人，战事十分不利。美利坚独立后仅两个月，英军就攻陷了纽约，且直捣首都费城。新生的共和国危在旦夕。在这生死攸关的时刻，美利坚大陆会议决定派遣一名大使前往欧洲请求外援。他们打算利用英法之间的矛盾，争取法国的援助。经过全面考虑，一致推选富兰克林担当此项重任。不仅因为富兰克林

富有外交经验：在美国独立之前，他曾作为殖民地代表与英国进行谈判，他还到过巴黎，熟悉欧洲的情况；而且因为他在科学上作出的突出贡献使他成为一个德高望重的学者而誉满欧洲。另外，富兰克林精通法语、意大利语、西班牙语及拉丁语——这些语言都是他通过自学掌握的；他对经济学也颇有研究。富兰克林具备这么多的优秀素质，当然是最合适不过的大使人选。

1776年底，富兰克林肩负着国家和人民的重托，以美国政府特使的身份，来到了法国巴黎，再一次登上国际政治舞台，尽展杰出的外交才能。

一到巴黎，富兰克林便展开了全方位的外交活动，他时而以美国特使的身份拜会法国外交大臣，时而以著名科学家的身份宴请巴黎知识界名流，时而又以一位普通的美国公民的身份走上巴黎街头发表演说。此时的富兰克林已年逾七旬，为了民族解放事业，他不辞辛苦，四处奔波，显示出极大的爱国热情。

法国人对于富兰克林并不陌生，富兰克林的声名早已随风筝实验传遍了欧洲大陆，法国人称他为“魔术师”，

对他的天才仰慕已久。此番得以亲见，更是被他的风采和气度所倾倒；就是他那套不追随欧洲时髦潮流、给人以标新立异之感的装束，也赢得了法国人的好感。一时间，巴黎出现了一股“富兰克林热”：商店的橱窗里、咖啡馆的柜台上，到处摆设着他的半身像，甚至戒指、徽章或手杖上都雕刻有他的头像；理发店里新推出了“富兰克林发式”。整个巴黎都为之沸腾了，几乎没有一个市民、女侍、厨子和车夫不知道富兰克林的，巴黎的权贵和女性更是以亲睹亲聆他的音容笑貌为荣。人们满怀崇敬地称他为“新大陆的使者”，通过他，法国人民了解了美国和美国人民，从而对美国人民的独立战争表示了支持和同情。

经过富兰克林的外交努力，法国政府先是同意在军事上给予美国秘密援助。这是因为战争的胜负尚未见分晓，法国不肯公开与美国结盟，以免美国战败，法国受到牵连。后来，当美军在萨拉托加战役中大获全胜后，北美大陆的战局急转直下，变得对美国十分有利。趁着这大好的形势，富兰克林再一次向法国政府施加压力，终于促使法国政府承认美国独立，并签订了同盟条约。此条约的签

订，标志着法国作为美国的同盟加入战争，它向美国输送了大批武器，同时还派遣了一支由26艘巡洋舰组成的海军舰队开赴美洲。法国的行动影响了欧洲各国的态度，西班牙和荷兰先后参战，使英国陷入四面楚歌的困境。由于富兰克林的非凡外交活动，为美国赢得了可贵的同盟军，从而加快了战争胜利的进程。

1783年，艰苦卓绝的美国独立战争终于以英军败北而告终，富兰克林又代表美国政府与英国签订了《凡尔赛条约》。条约承认合众国的主权，并规定了美国领土的边界线。美国独立战争就此画上了圆满的句号。

1785年，80岁的富兰克林卸任回国，他的同胞们像欢迎一位凯旋的英雄一样热烈地迎接他的归来。他是美国的骄傲，是那个时代的骄傲。回国后，富兰克林又担任了宾夕法尼亚州最高行政会议议长，参加制定了美国第一部宪法，他一生的最后几年又兼任废除农奴促进会会长，为解放黑奴而奔走。

1790年4月17日，本杰明·富兰克林因病逝世，享年84岁。噩耗传出，全美人民为之动容，整个费城为之哭泣。

在费城为他举行了最隆重的葬礼，从州长到法官，从银行家到律师，从市长到参议员，从牧师到医生，从工人到学徒，各种身份，各行各业，约有两万人参加了送葬仪式，大家都满怀悲痛而又无限景仰地悼念着这位杰出的人物。港口的船只一律下半旗，教堂里的大钟被包裹起来——当它们被敲响时，只发出一种沉痛如呜咽的声音。另外，众议院一致通过为非凡的天才富兰克林致哀一个月的提案；年轻的美利坚授予富兰克林“伟大的公民”称号。

在富兰克林的墓碑上刻着他于1728年为自己撰写的著名的墓志铭：

这里躺着印刷工本·F的尸体，

如同一本没有书页的旧书皮，

封面的字样和金箔已经全然不见.

它为书囊提供茶饭。

但他的作品将永远不会消失，

编者的修改和润色.

会再次让它重视。

在今天，当我们重新打开富兰克林这本书时，我们

的确会禁不住再一次为他精彩的人生发出由衷的赞叹。他对科学的探索精神，他所走过的风光旖旎的自学之路，他所耕耘过的遍地开花的科学领域，以及他谦逊、机智的品格，都使他成为当之无愧的天才。当代一位美国作家在评价富兰克林时说道："在任何时代、任何地方，富兰克林都会是伟大的……虽然他有个人的特性，但由于他涉及领域惊人的宽广，有时他似乎不止是一个个人，而是一个和谐的人的群体。"

世界五千年科技故事丛书

01. 科学精神光照千秋 ： 古希腊科学家的故事
02. 中国领先世界的科技成就
03. 两刃利剑 ： 原子能研究的故事
04. 蓝天、碧水、绿地 ： 地球环保的故事
05. 遨游太空 ： 人类探索太空的故事
06. 现代理论物理大师 ： 尼尔斯·玻尔的故事
07. 中国数学史上最光辉的篇章 ： 李冶、秦九韶、杨辉、朱世杰的故事
08. 中国近代民族化学工业的拓荒者 ： 侯德榜的故事
09. 中国的狄德罗 ： 宋应星的故事
10. 真理在烈火中闪光 ： 布鲁诺的故事
11. 圆周率计算接力赛 ： 祖冲之的故事
12. 宇宙的中心在哪里 ： 托勒密与哥白尼的故事
13. 陨落的科学巨星 ： 钱三强的故事
14. 魂系中华赤子心 ： 钱学森的故事
15. 硝烟弥漫的诗情 ： 诺贝尔的故事
16. 现代科学的最高奖赏 ： 诺贝尔奖的故事
17. 席卷全球的世纪波 ： 计算机研究发展的故事
18. 科学的迷雾 ： 外星人与飞碟的故事
19. 中国桥魂 ： 茅以升的故事
20. 中国铁路之父 ： 詹天佑的故事
21. 智慧之光 ： 中国古代四大发明的故事
22. 近代地学及奠基人 ： 莱伊尔的故事
23. 中国近代地质学的奠基人 ： 翁文灏和丁文江的故事
24. 地质之光 ： 李四光的故事
25. 环球航行第一人 ： 麦哲伦的故事
26. 洲际航行第一人 ： 郑和的故事
27. 魂系祖国好河山 ： 徐霞客的故事
28. 鼠疫斗士 ： 伍连德的故事
29. 大胆革新的元代医学家 ： 朱丹溪的故事
30. 博采众长自成一家 ： 叶天士的故事
31. 中国博物学的无冕之王 ： 李时珍的故事
32. 华夏神医 ： 扁鹊的故事
33. 中华医圣 ： 张仲景的故事
34. 圣手能医 ： 华佗的故事
35. 原子弹之父 ： 罗伯特·奥本海默
36. 奔向极地 ： 南北极考察的故事
37. 分子构造的世界 ： 高分子发现的故事
38. 点燃化学革命之火 ： 氧气发现的故事
39. 窥视宇宙万物的奥秘 ： 望远镜、显微镜的故事
40. 征程万里百折不挠 ： 玄奘的故事
41. 彗星揭秘第一人 ： 哈雷的故事
42. 海陆空的飞跃 ： 火车、轮船、汽车、飞机发明的故事
43. 过渡时代的奇人 ： 徐寿的故事

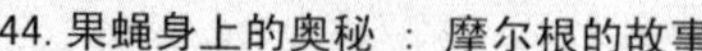

世界五千年科技故事丛书

44. 果蝇身上的奥秘：摩尔根的故事
45. 诺贝尔奖坛上的华裔科学家：杨振宁与李政道的故事
46. 氢弹之父—贝采里乌斯
47. 生命，如夏花之绚烂：奥斯特瓦尔德的故事
48. 铃声与狗的进食实验：巴甫洛夫的故事
49. 镭的母亲：居里夫人的故事
50. 科学史上的惨痛教训：瓦维洛夫的故事
51. 门铃又响了：无线电发明的故事
52. 现代中国科学事业的拓荒者：卢嘉锡的故事
53. 天涯海角一点通：电报和电话发明的故事
54. 独领风骚数十年：李比希的故事
55. 东西方文化的产儿：汤川秀树的故事
56. 大自然的改造者：米秋林的故事
57. 东方魔稻：袁隆平的故事
58. 中国近代气象学的奠基人：竺可桢的故事
59. 在沙漠上结出的果实：法布尔的故事
60. 宰相科学家：徐光启的故事
61. 疫影擒魔：科赫的故事
62. 遗传学之父：孟德尔的故事
63. 一贫如洗的科学家：拉马克的故事
64. 血液循环的发现者：哈维的故事
65. 揭开传染病神秘面纱的人：巴斯德的故事
66. 制服怒水泽千秋：李冰的故事
67. 星云学说的主人：康德和拉普拉斯的故事
68. 星辉月映探苍穹：第谷和开普勒的故事
69. 实验科学的奠基人：伽利略的故事
70. 世界发明之王：爱迪生的故事
71. 生物学革命大师：达尔文的故事
72. 禹迹茫茫：中国历代治水的故事
73. 数学发展的世纪之桥：希尔伯特的故事
74. 他架起代数与几何的桥梁：笛卡尔的故事
75. 梦溪园中的科学老人：沈括的故事
76. 窥天地之奥：张衡的故事
77. 控制论之父：诺伯特·维纳的故事
78. 开风气之先的科学大师：莱布尼茨的故事
79. 近代科学的奠基人：罗伯特·波义尔的故事
80. 走进化学的迷宫：门捷列夫的故事
81. 学究天人：郭守敬的故事
82. 攫雷电于九天：富兰克林的故事
83. 华罗庚的故事
84. 独得六项世界第一的科学家：苏颂的故事
85. 传播中国古代科学文明的使者：李约瑟的故事
86. 阿波罗计划：人类探索月球的故事
87. 一位身披袈裟的科学家：僧一行的故事